VÄLIMERELLINEN KEITTOTAITO

2022

MONTA HERKULLINEN VÄLIMERELLINEN KULTTUURI

ROSA PIERI

Yhteenveto

4

Linguine merenelävien kanssa

Valmistusaika: 10 minuuttia

Kokkausaika: 35 minuuttia

Annokset: 2

Vaikeustaso: vaikea

Ainesosat:

- 2 valkosipulinkynttä, jauhettu
- 4 unssia Linguinea, täysjyvä
- 1 ruokalusikallinen oliiviöljyä
- 14 unssia tomaatteja purkitettuina ja kuutioina
- 1/2 ruokalusikallista salottisipulia hienonnettuna
- 1/4 kuppia valkoviiniä
- Merisuolaa ja mustapippuria maun mukaan
- 6 kirsikkakivisimpukkaa, puhdistettu
- 4 unssia tilapiaa, leikattu 1 tuuman nauhoiksi
- 4 unssia kuivattuja kampasimpukoita
- 1/8 kuppia parmesaania, raastettua
- 1/2 tl meiramia hienonnettuna ja tuoreena

Käyttöaiheet:

Kiehauta vesi kattilassa ja keitä pasta kypsäksi, mikä kestää noin kahdeksan minuuttia. Valuta ja huuhtele pasta.

Kuumenna öljy suurella pannulla keskilämmöllä ja lisää sitten kun öljy on kuumaa, lisää valkosipuli ja valkosipuli. Keitä minuutti ja sekoita usein.

Nosta lämpöä keskikorkeaksi ennen kuin lisäät suolaa, viiniä, pippuria ja tomaatteja ja kuumenna kiehuvaksi. Keitä vielä minuutti.

Lisää sitten simpukat, peitä ja keitä vielä kaksi minuuttia.

Lisää sitten meirami, kampasimpukat ja kala. Jatka kypsentämistä, kunnes kala on täysin kypsä ja simpukat ovat avautuneet. Tämä kestää jopa viisi minuuttia ja hävitä kaikki simpukat, jotka eivät aukea.

Kaada kastike ja simpukat pastan päälle, ripottele päälle parmesaania ja meiramia ennen tarjoilua. Tarjoile kuumana.

Ravintoarvo (per 100 g):329 kaloria 12 g rasvaa 10 g hiilihydraatteja 33 g proteiinia 836 mg natriumia

Katkarapu inkivääri- ja tomaattikastikkeella

Valmistusaika: 10 minuuttia

Kokkausaika: 15 minuuttia

Annokset: 2

Vaikeustaso: vaikea

Ainesosat:

- 1 ja puoli ruokalusikallista kasviöljyä
- 1 valkosipulinkynsi, jauhettu
- 10 katkarapua, erittäin suuria, kuorittuja ja häntäjä jäljellä
- 3/4 ruokalusikallista sormi, raastettu ja kuorittu
- 1 vihreä tomaatti puolitettuna
- 2 luumutomaattia puolitettuna
- 1 ruokalusikallinen limen mehua, tuoretta
- 1/2 tl sokeria
- 1/2 ruokalusikallista jalapeñoa siemenillä, tuoretta ja jauhettua
- 1/2 ruokalusikallista basilikaa, tuoretta ja hienonnettua
- 1/2 ruokalusikallista korianteria hienonnettuna ja tuoreena
- 10 vartaat
- Merisuolaa ja mustapippuria maun mukaan

Käyttöaiheet:

Liota vartaat vesikattilassa vähintään puoli tuntia.

Sekoita valkosipuli ja inkivääri kulhossa, siirrä puolet niistä suurempaan kulhoon ja sekoita kahteen ruokalusikalliseen öljyäsi. Lisää katkaravut ja varmista, että ne ovat hyvin päällystettyjä.

Peitä ja siirrä jääkaappiin vähintään puoleksi tunniksi ja anna jäähtyä.

Kuumenna grilli maksimissaan ja voitele grillipannu kevyesti öljyllä. Ota kulho ja mausta luumu ja vihreät tomaatit jäljellä olevalla ruokalusikallisella öljyä, mausta suolalla ja pippurilla.

Grillaa tomaatit leikkauspuoli ylöspäin ja kuorien tulee hiiltyä. Tomaatin hedelmälihan tulee olla mureaa, mikä kestää neljästä kuuteen minuuttia luumutomaatilla ja noin kymmenen minuuttia vihreällä tomaateilla.

Poista kuori, kun tomaatit ovat tarpeeksi jäähtyneet käsitelläkseen, ja hävitä sitten siemenet. Hienonna tomaattien hedelmäliha hienoksi ja lisää se varattuun inkivääriin ja valkosipuliin. Lisää sokeri, jalapeño, limen mehu ja basilika.

Mausta katkaravut suolalla ja pippurilla täyttämällä ne vartaisiin ja grillaa ne sitten läpinäkymättömiksi, eli noin kaksi minuuttia per puoli. Laita katkaravut vadille makusi mukaan ja nauti.

Ravintoarvo (per 100 g):391 kaloria 13 g rasvaa 11 g hiilihydraatteja 34 g proteiinia 693 mg natriumia

Katkarapupasta

Valmistusaika: 10 minuuttia

Kokkausaika: 10 minuuttia

Annokset: 2

Vaikeustaso: keskitaso

Ainesosat:

- 2 kupillista enkelihiustahnaa, keitetty
- 1/2 kiloa keskikokoisia katkarapuja, kuorittu
- 1 valkosipulinkynsi, jauhettu
- 1 kuppi tomaattia, hienonnettuna
- 1 tl oliiviöljyä
- 1/6 kuppia Kalamata-oliiveja, kivettömiä ja hienonnettuna
- 1/8 kuppia basilikaa, tuoretta ja ohuiksi viipaleina
- 1 rkl kapriksia valutettuna
- 1/8 kuppia fetajuustoa, murskattu
- ripaus mustapippuria

Käyttöaiheet:

Keitä pasta pakkauksen ohjeen mukaan ja lämmitä sitten oliiviöljy pannulla keskilämmöllä. Paista valkosipulia puoli minuuttia ja lisää sitten katkaravut. Kärsi vielä minuutti.

Lisää basilika ja tomaatti, laske sitten lämpöä kiehumaan kolme minuuttia. Tomaattisi tulee olla mureaa.

Lisää oliivit ja kaprikset. Lisää ripaus mustapippuria ja sekoita katkarapusekoitus ja pasta tarjoilua varten. Päälle juustoa ennen tarjoilua kuumana.

Ravintoarvo (per 100 g):357 kaloria 11 g rasvaa 9 g hiilihydraatteja 30 g proteiinia 871 mg natriumia

Välimeren turska

Valmistusaika: 10 minuuttia

Kokkausaika: 25 minuuttia

Annokset: 2

Vaikeustaso: keskitaso

Ainesosat:

- 2 turskan filettä, 6 unssia
- Merisuolaa ja mustapippuria maun mukaan
- 1/4 kuppia kuivaa valkoviiniä
- 1/4 kuppia kalalientä
- 2 valkosipulinkynttä, jauhettu
- 1 laakerinlehti
- 1/2 tl salviaa, tuoretta ja hienonnettua
- 2 rosmariinin oksaa koristeeksi

Käyttöaiheet:

Aloita lämmittämällä uuni 375 asteeseen ja mausta fileet sitten suolalla ja pippurilla. Laita ne pannulle ja lisää liemi, valkosipuli, viini, salvia ja laakerinlehti. Peitä hyvin ja paista parikymmentä minuuttia. Kalasi tulee olla murenevaa haarukalla testattaessa.

Poista jokainen filee lastalla, aseta neste korkealle lämmölle ja vähennä puolet. Tämän pitäisi kestää kymmenen minuuttia, ja sinun on sekoitettava usein. Tarjoile valutettuna kiehuvassa nesteessä ja koristele rosmariinin oksalla.

Ravintoarvo (per 100 g):361 kaloria 10 g rasvaa 9 g hiilihydraatteja 34 g proteiinia 783 mg natriumia

Sinisimpukoita valkoviinissä

Valmistusaika: 5 minuuttia

Kokkausaika: 10 minuuttia

Annokset: 2

Vaikeustaso: vaikea

Ainesosat:

- 2 lbs Eläviä, tuoreita simpukoita
- 1 lasillinen kuivaa valkoviiniä
- 1/4 tl merisuolaa, hieno
- 3 valkosipulinkynttä, jauhettu
- 2 tl salottisipulia kuutioituna
- 1/4 kuppia persiljaa, tuoretta ja hienonnettua, jaettu
- 2 ruokalusikallista oliiviöljyä
- 1/4 sitruunaa, puristettuna

Käyttöaiheet:

Ota siivilä ja hankaa simpukat huuhtelemalla ne kylmällä vedellä. Hävitä simpukat, jotka eivät sulkeudu, jos niitä koputetaan, ja poista sitten parta keittiöveitsellä.

Ota kattila pois, laita se keskilämmölle ja lisää valkosipuli, valkosipuli, viini ja persilja. Kuumenna se kiehuvaksi. Kun se on miedolla lämmöllä, lisää simpukat ja peitä. Anna niiden kiehua viidestä seitsemään minuuttia. Varmista, etteivät ne kypsy liikaa.

Poista ne lusikalla ja lisää sitruunamehu ja oliiviöljy kattilaan. Sekoita hyvin ja kaada liemi simpukoiden päälle ennen tarjoilua persiljan kanssa.

Ravintoarvo (per 100 g):345 kaloria 9 g rasvaa 18 g hiilihydraatteja 37 g proteiinia 693 mg natriumia

Lohi Dilly

Valmistusaika: 10 minuuttia

Kokkausaika: 15 minuuttia

Annokset: 2

Vaikeustaso: keskitaso

Ainesosat:

- 2 lohifilettä, kukin 6 unssia
- 1 ruokalusikallinen oliiviöljyä
- 1/2 mandariinia, puristettuna
- 2 tl appelsiinin kuorta
- 2 ruokalusikallista tilliä tuoreena ja hienonnettuna
- Merisuolaa ja mustapippuria maun mukaan

Käyttöaiheet:

Valmistele uuni 375 asteeseen ja ota sitten kaksi kymmenen tuuman palaa alumiinifoliota. Voitele fileet molemmilta puolilta oliiviöljyllä ennen maustamista suolalla ja pippurilla ja laita jokainen filee alumiinifolioon.

Kaada appelsiinimehu jokaisen päälle, lisää sitten appelsiinin kuori ja tilli. Taita pakkaus kiinni ja varmista, että kalvon sisällä on kahden tuuman ilmarako, jotta kalat pääsevät höyryämään, ja aseta se sitten uunipellille.

Paista puoli tuntia ennen pakkausten avaamista ja siirrä kahdelle tarjoilulautaselle. Kaada kastike jokaisen päälle ennen tarjoilua.

Ravintoarvo (per 100 g):366 kaloria 14 g rasvaa 9 g
hiilihydraatteja 36 g proteiinia 689 mg natriumia

Välimeren lohi

Valmistusaika: 8 minuuttia

Kokkausaika: 8 minuuttia

Annokset: 2

Vaikeustaso: helppo

Ainesosat:

- Lohi, 6 unssia filettä
- Sitruuna, 2 viipaletta
- Kapriksia, 1 rkl
- Merisuolaa ja pippuria, 1/8 tl
- Ekstraneitsytoliiviöljy, 1 rkl

Käyttöaiheet:

Laita puhdas paistinpannu keskilämmölle hauduttamaan 3 minuuttia. Laita oliiviöljy lautaselle ja peitä lohi kokonaan. Paista lohi pannulla korkealla lämmöllä.

Ripottele lohen päälle loput ainekset ja käännä kummaltakin puolelta. Huomaa, kun molemmat puolet ovat ruskeita. Tämä voi kestää 3-5 minuuttia per puoli. Varmista, että lohi on kypsää kokeilemalla sitä haarukalla.

Tarjoile sitruunaviipaleilla.

Ravintoarvo (per 100 g):371 kaloria 25,1 g rasvaa 0,9 g hiilihydraatteja 33,7 g proteiinia 782 mg natriumia

Tonnikala melodia

Valmistusaika: 20 minuuttia

Kokkausaika: 20 minuuttia

Annokset: 2

Vaikeustaso: helppo

Alnesosat:

- Tonnlkala, 12 unssia
- Vihreä sipuli, 1 koristeeksi
- Paprika, ¼, hienonnettu
- Etikka, 1 tilkka
- Suolaa ja pippuria maun mukaan
- Avokado, 1, puolitettu ja kivet poistettu
- kreikkalainen jogurtti, 2 rkl

Käyttöaiheet:

Sekoita tonnikala kulhossa etikan, sipulin, jogurtin, avokadon ja pippurin kanssa.

Lisää mausteet, sekoita ja tarjoile vihersipulin kanssa.

Ravintoarvo (per 100 g):294 kaloria 19 g rasvaa 10 g hiilihydraatteja 12 g proteiinia 836 mg natriumia

Herkullisia pihvejä

Valmistusaika: 10 minuuttia

Kokkausaika: 20 minuuttia

Annokset: 2

Vaikeustaso: helppo

Ainesosat:

- Oliiviöljy, 1 tl
- Pallaksen pihvi, 8 unssia
- Valkosipuli, ½ tl, jauhettu
- Voita, 1 rkl
- Suolaa ja pippuria maun mukaan

Käyttöaiheet:

Kuumenna pannu ja lisää öljy. Ruskista pihvit keskilämmöllä pannulla, sulata voi valkosipulin, suolan ja pippurin kanssa. Lisää pihvit, sekoita päällysteen päälle ja tarjoile.

Ravintoarvo (per 100 g):284 kaloria 17 g rasvaa 0,2 g hiilihydraatteja 8 g proteiinia 755 mg natriumia

Lohi yrteillä

Valmistusaika: 8 minuuttia

Kokkausaika: 18 minuuttia

Annokset: 2

Vaikeustaso: helppo

Ainesosat:

- Lohl, 2 nahatonta filettä
- Karkeaa suolaa maun mukaan
- Ekstraneitsytoliiviöljy, 1 rkl
- Sitruuna, 1, viipaloitu
- Tuore rosmariini, 4 oksaa

Käyttöaiheet:

Kuumenna uuni 400 F. Laita alumiinifolio uunivuokaan ja laita lohi päälle. Ripottele lohen päälle loput ainekset ja paista 20 minuuttia. Tarjoile heti sitruunaviipaleilla.

Ravintoarvo (per 100 g):257 kaloria 18 g rasvaa 2,7 g hiilihydraatteja 7 g proteiinia 836 mg natriumia

Savustettu lasitettu tonnikala

Valmistusaika: 35 minuuttia

Kokkausaika: 10 minuuttia

Annokset: 2

Vaikeustaso: helppo

Ainesosat:

- Tonnikala, 4 unssia pihvejä
- Appelsiinimehu, 1 rkl
- Hienonnettu valkosipuli, ½ kynttä
- Sitruunamehu, ½ tl
- Tuore persilja, 1 rkl, hienonnettu
- Soijakastike, 1 rkl
- Ekstraneitsytoliiviöljy, 1 rkl
- Jauhettu mustapippuri, ¼ tl
- Oregano, ¼ tl

Käyttöaiheet:

Valitse uunivuoka ja lisää kaikki ainekset tonnikalaa lukuun ottamatta. Sekoita hyvin ja lisää sitten tonnikala marinadiin. Jäähdytä tämä seos puoli tuntia. Kuumenna grillipannu ja paista tonnikalaa kummaltakin puolelta 5 minuuttia. Tarjoile kypsennettynä.

Ravintoarvo (per 100 g):200 kaloria 7,9 g rasvaa 0,3 g hiilihydraatteja 10 g proteiinia 734 mg natriumia

Rapea pallas

Valmistusaika: 20 minuuttia

Kokkausaika: 15 minuuttia

Annokset: 2

Vaikeustaso: helppo

Ainesosat:

- Päälle persiljaa
- Tuore tilli, 2 rkl, hienonnettu
- Tuore ruohosipuli, 2 rkl, hienonnettuna
- Oliiviöljy, 1 rkl
- Suolaa ja pippuria maun mukaan
- Pallas, fileet, 6 unssia
- Sitruunankuori, ½ tl, hienoksi raastettuna
- kreikkalainen jogurtti, 2 rkl

Käyttöaiheet:

Kuumenna uuni 400 F. Vuoraa uunipelti alumiinifoliolla. Lisää kaikki ainekset isolle lautaselle ja marinoi fileet. Huuhtele ja kuivaa fileet; lisää sitten uuniin ja paista 15 minuuttia.

Ravintoarvo (per 100 g):273 kaloria 7,2 g rasvaa 0,4 g hiilihydraatteja 9 g proteiinia 783 mg natriumia

Helppoa ja herkullista tonnikalaa

Valmistusaika: 15 minuuttia

Kokkausaika: 10 minuuttia

Annokset: 2

Vaikeustaso: helppo

Ainesosat:

- Muna, ½
- Sipuli, 1 rkl, hienonnettuna
- Päälle selleri
- Suolaa ja pippuria maun mukaan
- Valkosipuli, 1 kynsi, jauhettu
- Tonnikalasäilyke, 7 unssia
- kreikkalainen jogurtti, 2 rkl

Käyttöaiheet:

Valuta tonnikala, lisää muna ja jogurtti valkosipulin, suolan ja pippurin kera.

Sekoita tämä seos kulhossa sipulien kanssa ja muotoile niistä lihapullia. Ota iso pannu ja ruskista lihapullia 3 minuuttia kummaltakin puolelta. Valuta ja tarjoile.

Ravintoarvo (per 100 g):230 kaloria 13 g rasvaa 0,8 g hiilihydraatteja 10 g proteiinia 866 mg natriumia

Sinisimpukat O 'Marina

Valmistusaika: 20 minuuttia

Kokkausaika: 10 minuuttia

Annokset: 2

Vaikeustaso: helppo

Ainesosat:

- Sinisimpukat, pestyt ja kuoritut, 1 lb.
- Kookosmaito, ½ kuppi
- Cayennepippuria, 1 tl
- Tuore sitruunamehu, 1 rkl
- Valkosipuli, 1 tl, hienonnettu
- Korianteria, juuri hienonnettua koristeeksi
- Ruskea sokeri, 1 tl

Käyttöaiheet:

Sekoita kaikki ainekset simpukoita lukuun ottamatta kattilassa.
Kuumenna seos ja kiehauta. Lisää simpukat ja keitä 10 minuuttia.
Tarjoile astiassa keitetyn nesteen kanssa.

Ravintoarvo (per 100 g):483 kaloria 24,4 g rasvaa 21,6 g
hiilihydraatteja 1,2 g proteiinia 499 mg natriumia

Hitaasti kypsennetty välimerellinen paahtopaisti

Valmistusaika: 10 minuuttia

Kokkausaika: 10 tuntia ja 10 minuuttia

Annokset: 6

Vaikeustaso: keskitaso

Ainesosat:

- 3 kiloa paahdettua istukkaa, luuton
- 2 tl rosmariinia
- ½ kuppia aurinkokuivattuja ja hienonnettuja tomaatteja
- 10 raastettua valkosipulinkynttä
- ½ kuppi naudanlihalientä
- 2 rkl balsamiviinietikkaa
- ¼ kupillista hienonnettua italialaista persiljaa, tuoretta
- ¼ kuppia hienonnettuja oliiveja
- 1 tl sitruunankuorta
- ¼ kuppia parmesaanijuustoa

Käyttöaiheet:

Laita hitaaseen keittimeen valkosipuli, kuivatut tomaatit ja paahtopaisti. Lisää lihaliemi ja rosmariini. Sulje kattila ja keitä hiljalleen 10 tuntia.

Kypsennyksen jälkeen poista liha ja pilko liha. Poista rasva. Lisää jauheliha takaisin liedelle ja keitä 10 minuuttia. Yhdistä pienessä kulhossa sitruunankuori, persilja ja oliivit. Jäähdytä seos, kunnes se on valmis tarjoiluun. Koristele jäähtyneellä seoksella.

Tarjoile pastan tai munanuudeleiden päällä. Päälle se mannajuustolla.

Ravintoarvo (per 100 g):314 kaloria 19 g rasvaa 1 g hiilihydraatteja 32 g proteiinia 778 mg natriumia

Hitaasti kypsennetty välimerellinen naudanliha artisokkien kanssa

Valmistelu aika: 3 tuntia ja 20 minuuttia

Kokkausaika: 7 tuntia ja 8 minuuttia

Annokset: 6

Vaikeustaso: helppo

Ainesosat:

- 2 kiloa naudanlihaa per muhennos
- 14 unssia artisokan sydämiä
- 1 ruokalusikallinen rypäleensiemenöljyä
- 1 kuutioitu sipuli
- 32 unssia naudanlihalientä
- 4 valkosipulinkynttä, raastettuna
- 14 ½ unssia säilöttyjä tomaatteja kuutioituna
- 15 unssia tomaattikastiketta
- 1 tl kuivattua oreganoa
- ½ kuppia kivettömiä ja hienonnettuja oliiveja
- 1 tl kuivattua persiljaa
- 1 tl kuivattua oreganoa
- ½ tl jauhettua kuminaa
- 1 tl kuivattua basilikaa
- 1 laakerinlehti
- ½ tl suolaa

Käyttöaiheet:

Kaada isoon tarttumattomaan pannuun hieman öljyä ja kuumenna keskilämmöllä. Paista lihaa molemmin puolin ruskeaksi. Siirrä liha hitaaseen keittimeen.

Lisää lihaliemi, kuutioidut tomaatit, tomaattikastike, suola ja sekoita. Lisää lihaliemi, kuutioidut tomaatit, oregano, oliivit, basilika, persilja, laakerinlehti ja kumina. Yhdistä seos huolellisesti.

Sulje ja hauduta 7 tuntia. Poista laakerinlehti tarjoilun aikana. Tarjoile kuumana.

Ravintoarvo (per 100 g):416 kaloria 5 g rasvaa 14,1 g hiilihydraatteja 29,9 g proteiinia 811 mg natriumia

Hitaalla keittimellä valmistettu vähärasvainen välimerellinen paisti

Valmistusaika: 30 minuuttia

Kypsennysaika: 8 tuntia

Annokset: 10

Vaikeustaso: vaikea

Ainesosat:

- 4 kiloa paahdettua pyöreää silmää
- 4 valkosipulinkynttä
- 2 tl oliiviöljyä
- 1 tl vastajauhettua mustapippuria
- 1 kuppi hienonnettua sipulia
- 4 porkkanaa, hienonnettuna
- 2 tl kuivattua rosmariinia
- 2 hienonnettua sellerinvartta
- 28 unssia tomaattimuusia tölkissä
- 1 kuppi vähänatriumista naudanlihalientä
- 1 kuppi punaviiniä
- 2 teelusikallista suolaa

Käyttöaiheet:

Mausta paahtopaisti suolalla, valkosipulilla ja pippurilla ja siirrä sivuun. Kaada öljy tarttumattomaan pannuun ja kuumenna keskilämmöllä. Laita liha siihen ja paista, kunnes se muuttuu ruskeaksi joka puolelta. Siirrä nyt naudanpaisti 6 litran hitaalle liesille. Lisää pannulle porkkanat, sipuli, rosmariini ja selleri. Jatka kypsentämistä, kunnes sipuli ja kasvikset ovat pehmeitä.

Sekoita tomaatit ja viini tähän kasvisseokseen. Lisää naudanlihaliemi ja tomaattiseos kasvisseoksen kanssa hitaan liesituulettimeen. Sulje ja keitä miedolla lämmöllä 8 tuntia.

Kun liha on kypsää, ota se pois liedeltä ja aseta se leikkuulaudalle ja kääri alumiinifolioon. Kastikkeen sakeuttamiseksi siirrä se kattilaan ja keitä miedolla lämmöllä, kunnes se saavuttaa halutun koostumuksen. Hävitä rasvat ennen tarjoilua.

Ravintoarvo (per 100 g):260 kaloria 6 g rasvaa 8,7 g hiilihydraatteja 37,6 g proteiinia 588 mg natriumia

Hidaskeittoinen lihamurska

Valmistusaika: 10 minuuttia

Kokkausaika: 6 tuntia ja 10 minuuttia

Annokset: 8

Vaikeustaso: keskitaso

Ainesosat:

- 2 kiloa jauhettua biisonia
- 1 kesäkurpitsa raastettuna
- 2 isoa munaa
- Ruoanlaitto oliiviöljyä tarpeen mukaan
- 1 kesäkurpitsa, hienonnettuna
- ½ kuppi persiljaa, tuoretta, hienonnettuna
- ½ kupillista parmesaania hienonnettuna
- 3 rkl balsamiviinietikkaa
- 4 valkosipulinkynttä, raastettuna
- 2 ruokalusikallista hienonnettua sipulia
- 1 ruokalusikallinen kuivattua oreganoa
- ½ tl jauhettua mustapippuria
- ½ tl kosher-suolaa
- Täytteeksi:
- ¼ kuppia raastettua mozzarellaa
- ¼ kuppia makeuttamatonta ketsuppia
- ¼ kuppi tuoretta hienonnettua persiljaa

Käyttöaiheet:

Vuoraa kuuden litran hitaan liesi suikaleiksi alumiinifoliolla. Ripottele päälle tarttumatonta ruokaöljyä.

Yhdistä suuressa kulhossa jauhettu biisoni tai extra-laiha jauhettu ulkofilee, kesäkurpitsat, munat, persilja, balsamiviinietikka, valkosipuli, kuivattu oregano, merisuola tai kosher, hienonnettu kuivattu sipuli ja jauhettu mustapippuri.

Laita seos hitaaseen keittimeen ja muotoile pitkulainen leipä. Peitä kattila, laita miedolle lämmölle ja keitä 6 tuntia. Kypsennyksen jälkeen avaa liesi ja levitä ketsuppi lihamurun päälle.

Aseta nyt juusto ketsuppin päälle uutena kerroksena ja sulje hidas liesi. Anna lihamurun levätä näillä kahdella kerroksessa noin 10 minuuttia tai kunnes juusto alkaa sulaa. Koristele tuoreella persiljalla ja mozzarellaraasteella.

Ravintoarvo (per 100 g):320 kaloria 2 g rasvaa 4 g hiilihydraatteja 26 g proteiinia 681 mg natriumia

Hitaasti kypsennetty välimerellinen naudanlihahoagies

Valmistusaika: 10 minuuttia

Kypsennysaika: 13 tuntia

Annokset: 6

Vaikeustaso: keskitaso

Ainesosat:

- 3 kiloa rasvatonta paahtopaistia
- ½ tl sipulijauhetta
- ½ tl mustapippuria
- 3 kupillista vähänatriumista naudanlihalientä
- 4 tl salaatinkastikesekoitusta
- 1 laakerinlehti
- 1 ruokalusikallinen valkosipulia, jauhettua
- 2 punaista paprikaa ohuiksi nauhoiksi leikattuna
- 16 unssia chiliä
- 8 ohutta viipaletta Provolone S argentoa
- 2 unssia gluteenitonta leipää
- ½ tl suolaa
- Kausiin:
- 1 ½ ruokalusikallista sipulijauhetta
- 1 ja puoli ruokalusikallista valkosipulijauhetta
- 2 ruokalusikallista kuivattua persiljaa

- 1 ruokalusikallinen steviaa
- ½ tl kuivattua timjamia
- 1 ruokalusikallinen kuivattua oreganoa
- 2 ruokalusikallista mustapippuria
- 1 ruokalusikallinen suolaa
- 6 siivua juustoa

Käyttöaiheet:

Kuivaa paisti talouspaperilla. Yhdistä mustapippuri, sipulijauhe ja suola pienessä kulhossa ja hiero seos paistin päälle. Laita maustettu paisti hitaaseen keittimeen.

Lisää liemi, salaattikastike, laakerinlehti ja valkosipuli hitaan liesituulettimeen. Yhdistä varovasti. Sulje ja anna olla 12 tuntia. Keittämisen jälkeen poista laakerinlehti.

Ota kypsennetty liha pois ja paloittele liha. Laita jauheliha takaisin paikoilleen ja lisää paprikat ja. Lisää paprikat ja chili hitaaseen keittimeen. Peitä liesi ja keitä miedolla lämmöllä 1 tunti. Päällystä jokainen leipä ennen tarjoilua 3 unssilla lihaseosta. Ripottele päälle juustoviipale. Nestemäistä kastiketta voi käyttää kastikkeena.

Ravintoarvo (per 100 g):442 kaloria 11,5 g rasvaa 37 g hiilihydraatteja 49 g proteiinia 735 mg natriumia

Välimerellinen porsaanpaisti

Valmistusaika: 10 minuuttia

Kokkausaika: 8 tuntia ja 10 minuuttia

Annokset: 6

Vaikeustaso: keskitaso

Ainesosat:

- 2 ruokalusikallista oliiviöljyä
- 2 kiloa paahdettua porsaanlihaa
- ½ tl paprikaa
- ¾ kupillista kanalientä
- 2 tl kuivattua salviaa
- ½ ruokalusikallista jauhettua valkosipulia
- ¼ tl kuivattua meiramia
- ¼ tl kuivattua rosmariinia
- 1 tl oreganoa
- ¼ tl kuivattua timjamia
- 1 tl basilikaa
- ¼ tl kosher-suolaa

Käyttöaiheet:

Sekoita pienessä kulhossa liemi, öljy, suola ja mausteet. Kaada pannulle oliiviöljy ja kuumenna keskilämmöllä. Laita porsaanliha siihen ja paista, kunnes kaikki sivut ovat kullanruskeita.

Poista sianliha kypsennyksen jälkeen ja pistele paistia veitsellä.

Aseta porsaanpaisti 6 litran kattilaan. Kaada nyt seoksesta neste pienestä kulhosta paistin päälle.

Sulje patakattila ja keitä miedolla lämmöllä 8 tuntia. Nosta kypsennyksen jälkeen kattilasta leikkuulaudalla ja leikkaa paloiksi. Lisää seuraavaksi silputtu sianliha kattilaan. Hauduta vielä 10 minuuttia. Tarjoile fetajuuston, pitaleivän ja tomaattien kanssa.

Ravintoarvo (per 100 g):361 kaloria 10,4 g rasvaa 0,7 g hiilihydraatteja 43,8 g proteiinia 980 mg natriumia

Naudanliha pizza

Valmistusaika: 20 minuuttia

Kokkausaika: 50 minuuttia

Annokset: 10

Vaikeustaso: vaikea

Ainesosat:

- <u>Pohjalle:</u>
- 3 kupillista yleisjauhoja
- 1 ruokalusikallinen sokeria
- 2¼ teelusikallista aktiivista kuivahiivaa
- 1 tl suolaa
- 2 ruokalusikallista oliiviöljyä
- 1 kuppi lämmintä vettä
- <u>Koristeeksi:</u>
- 1 kiloa jauhettua naudanlihaa
- 1 keskikokoinen sipuli, hienonnettuna
- 2 ruokalusikallista tomaattipyrettä
- 1 rkl jauhettua kuminaa
- Suolaa ja jauhettua mustapippuria, juuri tarpeeksi
- ¼ kupillista vettä
- 1 kuppi tuoretta pinaattia hienonnettuna
- 8 unssia artisokan sydämiä, neljäsosaa
- 4 unssia tuoreita sieniä viipaloituina

- 2 tomaattia, hienonnettuna
- 4 unssia fetajuustoa murskattuna

Käyttöaiheet:

Pohjalle:

Sekoita jauhot, sokeri, leivinjauhe ja suola planeettasekoittimella taikinakoukulla. Lisää 2 rkl öljyä ja lämmintä vettä ja vaivaa tasaiseksi ja joustavaksi taikinaksi.

Muotoile taikinasta pallo ja laita se sivuun noin 15 minuutiksi.

Kaada taikina kevyesti jauhotetulle alustalle ja kauli se pyöreäksi. Kaada taikina kevyesti voideltuun pyöreään vuokaan ja paina kevyesti sopivaksi. Laita sivuun noin 10-15 minuutiksi. Ripottele pohjalle hieman öljyä. Kuumenna uuni 400 asteeseen F.

Koristeeksi:

Paista naudanlihaa tarttumattomalla pannulla keskilämmöllä noin 4-5 minuuttia. Lisää sipuli ja paista noin 5 minuuttia usein sekoittaen. Lisää tomaattipyree, kumina, suola, mustapippuri ja vesi ja sekoita tasaiseksi.

Aseta liekki keskilämmölle ja keitä noin 5-10 minuuttia. Ota pois lämmöltä ja aseta sivuun. Laita naudanlihaseos pizzapohjan päälle ja koristele pinaatilla, sitten artisokalla, sienillä, tomaateilla ja fetalla.

Keitä kunnes juusto on sulanut. Ota pois uunista ja anna vetäytyä noin 3-5 minuuttia ennen viipalointia. Leikkaa haluamasi kokoisiksi viipaleiksi ja tarjoile.

Ravintoarvo (per 100 g):309 kaloria 8,7 g rasvaa 3,7 g hiilihydraatteja 3,3 g proteiinia 732 mg natriumia

Naudan- ja bulgur-lihapullat

Valmistusaika: 20 minuuttia

Kokkausaika: 28 minuuttia

Annokset: 6

Vaikeustaso: keskitaso

Ainesosat:

- ¾ kupillista raakaa bulguria
- 1 kiloa jauhettua naudanlihaa
- ¼ kuppia salottisipulia hienonnettuna
- ¼ kuppia tuoretta persiljaa hienonnettuna
- ½ tl jauhettua maustepippuria
- ½ tl jauhettua kuminaa
- ½ tl kanelijauhetta
- ¼ tl murskattua punapippurihiutaleita
- Suolaa, ihan tarpeeksi
- 1 ruokalusikallinen oliiviöljyä

Käyttöaiheet:

Liota bulguria suuressa kulhossa kylmää vettä noin 30 minuuttia. Valuta bulgur hyvin ja purista sitä sitten käsin poistaaksesi ylimääräinen vesi. Lisää monitoimikoneessa bulgur, naudanliha, salottisipuli, persilja, mausteet, suola ja pulssi tasaiseksi.

Laita seos kulhoon ja jäähdytä peitettynä noin 30 minuuttia. Ota jääkaapista ja muotoile naudanlihaseoksesta samankokoisia lihapullia. Kuumenna öljy suuressa tarttumattomassa pannussa keskikorkealla lämmöllä ja kypsennä lihapullia kahdessa vaiheessa noin 13-14 minuuttia käännellen usein. Tarjoile kuumana.

Ravintoarvo (per 100 g):228 kaloria 7,4 g rasvaa 0,1 g hiilihydraatteja 3,5 g proteiinia 766 mg natriumia

Maukasta naudanlihaa ja parsakaalia

Valmistusaika: 10 minuuttia

Kokkausaika: 15 minuuttia

Annokset: 4

Vaikeustaso: helppo

Ainesosat:

- 1 ja ½ lbs. kylkipihvi
- 1 ruokalusikallinen. oliiviöljy
- 1 ruokalusikallinen. tamari kastike
- 1 kuppi naudanlihalientä
- 1 kiloa parsakaalia, erilliset kukinnot

Käyttöaiheet:

Yhdistä pihvinauhat öljyn ja tamarin kanssa, sekoita ja laita sivuun 10 minuutiksi. Valitse Instant Pot paistotilassa, aseta naudanlihasuikaleet ja paista niitä 4 minuuttia kummaltakin puolelta. Sekoita liemi, peitä kattila uudelleen ja keitä korkealla lämmöllä 8 minuuttia. Sekoita joukkoon parsakaali, peitä ja keitä korkealla lämmöllä vielä 4 minuuttia. Jaa kaikki lautasten väliin ja tarjoile. Nauttia!

Ravintoarvo (per 100 g):312 kaloria 5 g rasvaa 20 g hiilihydraatteja 4 g proteiinia 694 mg natriumia

Naudan maissi chili

Valmistusaika: 8-10 minuuttia

Kokkausaika: 30 minuuttia

Annokset: 8

Vaikeustaso: keskitaso

Ainesosat:

- 2 pientä sipulia hienonnettuna (hienoksi)
- ¼ kuppia purkitettua maissia
- 1 ruokalusikallinen öljyä
- 10 unssia vähärasvaista jauhelihaa
- 2 pientä chiliä kuutioituna

Käyttöaiheet:

Ota Instant Pot käyttöön. Napsauta "PAISTA". Kaada joukkoon öljy ja lisää sitten sipulit, chili ja naudanliha. keitä, kunnes se on läpikuultavaa ja pehmennyt. Kaada 3 kupillista vettä kattilaan; Sekoita hyvin.

Sulje kansi. Valitse "LIHA / PATE". Aseta ajastin 20 minuuttiin. Kypsennä, kunnes ajastin nollautuu.

Napsauta "PERUUTA" ja sitten "NPR" saadaksesi luonnollisen vapautumispaineen noin 8-10 minuutin ajan. Avaa ja aseta pannu tarjoiluastioiden päälle. Tarjoilla.

Ravintoarvo (per 100 g):94 kaloria 5 g rasvaa 2 g hiilihydraatteja 7 g proteiinia 477 mg natriumia

Naudan balsamico-ruoka

Valmistusaika: 5 minuuttia

Kokkausaika: 55 minuuttia

Annokset: 8

Vaikeustaso: keskitaso

Ainesosat:

- 3 kiloa paahdettua istukkaa
- 3 valkosipulinkynttä ohuiksi viipaleina
- 1 ruokalusikallinen öljyä
- 1 tl maustettua etikkaa
- ½ tl pippuria
- ½ tl rosmariinia
- 1 ruokalusikallinen voita
- ½ tl timjamia
- ¼ kuppia balsamiviinietikkaa
- 1 kuppi naudanlihalientä

Käyttöaiheet:

Viipaloi paistiviipaleet ja täytä valkosipuliviipaleet kauttaaltaan. Yhdistä maustettu etikka, rosmariini, pippuri, timjami ja hiero seos paistin päälle. Valitse pannu paistotilassa ja sekoita öljyyn, anna öljyn lämmetä. Kypsennä paistin molemmat puolet.

Ota se pois ja aseta sivuun. Sekoita voi, liemi, balsamiviinietikka ja valuta pannu. Laita paisti takaisin ja sulje kansi ja kypsennä KORKEALLA paineella 40 minuuttia.

Suorita pikavapautus. Tarjoilla!

Ravintoarvo (per 100 g):393 kaloria 15 g rasvaa 25 g hiilihydraatteja 37 g proteiinia 870 mg natriumia

Paahdettua naudanlihaa soijakastikkeella

Valmistusaika: 8 minuuttia

Kokkausaika: 35 minuuttia

Annokset: 2-3

Vaikeustaso: keskitaso

Ainesosat:

- ½ tl naudanlihalientä
- 1 ½ tl rosmariinia
- ½ tl jauhettua valkosipulia
- 2 kiloa paahdettua lihaa
- 1/3 kuppia soijakastiketta

Käyttöaiheet:

Sekoita soijakastike, liemi, rosmariini ja valkosipuli keskenään kulhossa.

Käynnistä pikalautanen. Aseta paisti ja kaada siihen tarpeeksi vettä, jotta paisti peittyy; sekoita varovasti, jotta se sekoittuu hyvin. Se tiivistyy hyvin.

Napsauta kypsennystoimintoa "LIHA/MUHONTA"; aseta painetasoksi "KORKEA" ja aseta kypsennysajaksi 35 minuuttia. Anna paineen nousta ainesten kypsentämiseksi. Kun olet valmis, napsauta "PERUUTA"-asetusta ja napsauta sitten "NPR"-keittotoimintoa vapauttaaksesi paineen luonnollisesti.

Avaa kansi vähitellen ja paloittele liha. Sekoita jauheliha takaisin multaan ja sekoita hyvin. Siirrä tarjoiluastioihin. Tarjoile kuumana.

Ravintoarvo (per 100 g):423 kaloria 14 g rasvaa 12 g hiilihydraatteja 21 g proteiinia 884 mg natriumia

Paahdettua naudanlihaa rosmariinilla

Valmistusaika: 5 minuuttia

Kokkausaika: 45 minuuttia

Annokset: 5-6

Vaikeustaso: keskitaso

Ainesosat:

- 3 kiloa paahdettua lihaa
- 3 valkosipulinkynttä
- ¼ kuppia balsamiviinietikkaa
- 1 oksa tuoretta rosmariinia
- 1 oksa tuoretta timjamia
- 1 kuppi vettä
- 1 ruokalusikallinen kasviöljyä
- Suolaa ja pippuria maun mukaan

Käyttöaiheet:

Leikkaa viipaleet paahtopaistiin ja laita päälle valkosipulinkynnet. Hiero paisti yrteillä, mustapippurilla ja suolalla. Esilämmitä Instant Pot käyttämällä sautointiastetta ja kaada öljy. Kun se on kuumennettu, lisää paahtopaisti ja paista kullanruskeaksi kaikilta puolilta. Lisää loput ainekset; sekoita varovasti.

Sulje tiiviisti ja kypsennä korkealla lämmöllä 40 minuuttia manuaalisella asetuksella. Anna paineen vapautua luonnollisesti noin 10 minuuttia. Avaa ja aseta paahtopaisti tarjoilulautasille, viipaloi ja tarjoile.

Ravintoarvo (per 100 g):542 kaloria 11,2 g rasvaa 8,7 g hiilihydraatteja 55,2 g proteiinia 710 mg natriumia

Porsaan kylkiluita ja tomaattikastiketta

Valmistusaika: 10 minuuttia

Kokkausaika: 20 minuuttia

Annokset: 4

Vaikeustaso: helppo

Ainesosat:

- 4 porsaankyljystä, luuton
- 1 ruokalusikallinen soijakastiketta
- ¼ tl seesamiöljyä
- 1 1/2 kuppia tomaattipyreetä
- 1 keltainen sipuli
- 8 sientä, viipaloitu

Käyttöaiheet:

Sekoita porsaankyljykset kulhossa soijakastikkeen ja seesamiöljyn kanssa, sekoita ja laita sivuun 10 minuutiksi. Aseta Instant Pot paistotilaan, lisää porsaankyljykset ja paista 5 minuuttia kummaltakin puolelta. Sekoita joukkoon sipuli ja paista vielä 1-2 minuuttia. Lisää tomaattipyree ja sienet, sekoita, peitä ja keitä korkealla lämmöllä 8-9 minuuttia. Jaa kaikki lautasten väliin ja tarjoile. Nauttia!

Ravintoarvo (per 100 g):300 kaloria 7 g rasvaa 18 g hiilihydraatteja 4 g proteiinia 801 mg natriumia

Kanaa kapriskastikkeella

Valmistusaika: 10 minuuttia

Kokkausaika: 18 minuuttia

Annokset: 5

Vaikeustaso: vaikea

Ainesosat:

- Kanalle:
- 2 munaa
- Suolaa ja jauhettua mustapippuria, juuri tarpeeksi
- 1 kuppi kuivia korppujauhoja
- 2 ruokalusikallista oliiviöljyä
- 1 ½ kiloa luutonta, nahatonta kananrintaa puolittuna, jauhettu ¾ tuuman paksuiseksi ja leikattu paloiksi
- Kapriskastikkeelle:
- 3 ruokalusikallista kapriksia
- ½ lasillista kuivaa valkoviiniä
- 3 ruokalusikallista tuoretta sitruunamehua
- Suolaa ja jauhettua mustapippuria, juuri tarpeeksi
- 2 ruokalusikallista hienonnettua tuoretta persiljaa

Käyttöaiheet:

Kanaa varten: Lisää matalaan astiaan munat, suola ja mustapippuri ja vatkaa tasaiseksi. Laita korppujauhot toiseen matalaan astiaan. Kasta kananpalat munaseokseen ja ripottele tasaisesti korppujauhoilla. Ravista ylimääräinen korppujauho pois.

Paista öljy keskilämmöllä ja paista broilerin paloja noin 5-7 minuuttia kummaltakin puolelta tai kunnes ne ovat kypsiä. Aseta kananpalat reilusikalla imupaperilla vuoratulle lautaselle. Peitä kananpalat alumiinifoliolla, jotta ne pysyvät lämpiminä.

Yhdistä samassa pannussa kaikki kastikkeen ainekset persiljaa lukuun ottamatta ja keitä noin 2-3 minuuttia jatkuvasti sekoittaen. Sekoita joukkoon persilja ja poista se lämmöltä. Tarjoa kananpalat kapriskastikkeen kanssa.

Ravintoarvo (per 100 g):352 kaloria 13,5 g rasvaa 1,9 g hiilihydraatteja 1,2 g proteiinia 741 mg natriumia

Turkkiburgeri mangokastikkeella

Valmistusaika: 15 minuuttia

Kokkausaika: 10 minuuttia

Annokset: 6

Vaikeustaso: helppo

Ainesosat:

- 1 ½ kiloa jauhettua kalkkunanrintaa
- 1 tl merisuolaa jaettuna
- ¼ tl vastajauhettua mustapippuria
- 2 ruokalusikallista ekstra-neitsytoliiviöljyä
- 2 mangoa kuorittuna, kivet poistettuna ja kuutioituna
- ½ punasipulia, hienonnettuna
- 1 limen mehu
- 1 valkosipulinkynsi, jauhettu
- ½ jalapeñopippuria, siemenet ja hienoksi pilkottuna
- 2 ruokalusikallista hienonnettuja tuoreita korianterinlehtiä

Käyttöaiheet:

Muotoile kalkkunan rintafileistä 4 lihapullaa ja mausta ½ tl merisuolaa ja pippuria. Paista oliiviöljyä tarttumattomassa pannussa, kunnes se kiiltää. Lisää kalkkunan lihapullat ja paista noin 5 minuuttia kummaltakin puolelta kullanruskeiksi.

Lihapullien kypsymisen aikana sekoita pienessä kulhossa mango, punasipuli, limetin mehu, valkosipuli, jalapeño, korianteri ja loput ½ tl merisuolaa. Kaada kastike kalkkunan lihapullien päälle ja tarjoile.

Ravintoarvo (per 100 g):384 kaloria 3 g rasvaa 27 g hiilihydraatteja 34 g proteiinia 692 mg natriumia

Yrttipaahdettua kalkkunanrintaa

Valmistusaika: 15 minuuttia

Kokkausaika: 1 tunti ja puoli (plus 20 minuuttia lepoa)

Annokset: 6

Vaikeustaso: keskitaso

Ainesosat:

- 2 ruokalusikallista ekstra-neitsytoliiviöljyä
- 4 valkosipulinkynttä, jauhettu
- 1 sitruunan kuori
- 1 rkl hienonnettuja tuoreita timjaminlehtiä
- 1 rkl hienonnettuja tuoreita rosmariinin lehtiä
- 2 ruokalusikallista hienonnettua tuoretta italialaista persiljaa
- 1 tl jauhettua sinappia
- 1 tl merisuolaa
- ¼ tl vastajauhettua mustapippuria
- 1 (6 lb) kalkkunanrintaa luulla ja nahalla
- 1 kuppi kuivaa valkoviiniä

Käyttöaiheet:

Kuumenna uuni 325 asteeseen F. Yhdistä oliiviöljy, valkosipuli, sitruunankuori, timjami, rosmariini, persilja, sinappi, merisuola ja pippuri. Harjaa yrttiseosta tasaisesti kalkkunan rintojen pinnalle, löysää iho ja hiero myös alla. Aseta kalkkunanrinta paistinpannulle ritilälle nahkapuoli ylöspäin.

Kaada viini pannulle. Paista 1-1 1/2 tuntia, kunnes kalkkuna saavuttaa 165 asteen sisäisen lämpötilan. Ota uunista ja aseta se erikseen 20 minuutiksi käärittynä alumiinifolioon, jotta se pysyy lämpimänä ennen leikkaamista.

Ravintoarvo (per 100 g):392 kaloria 1 g rasvaa 2 g hiilihydraatteja 84 g proteiinia 741 mg natriumia

Kanamakkaraa ja paprikaa

Valmistusaika: 10 minuuttia

Kokkausaika: 20 minuuttia

Annokset: 6

Vaikeustaso: keskitaso

Ainesosat:

- 2 ruokalusikallista ekstra-neitsytoliiviöljyä
- 6 italialaista kanamakkaraa
- 1 sipuli
- 1 punainen paprika
- 1 vihreä paprika
- 3 valkosipulinkynttä, jauhettu
- ½ lasillista kuivaa valkoviiniä
- ½ tl merisuolaa
- ¼ tl vastajauhettua mustapippuria
- Purista punapippurihiutaleita

Käyttöaiheet:

Paista oliiviöljyä isossa pannussa, kunnes se kimaltelee. Lisää makkarat ja keitä 5-7 minuuttia välillä kääntäen, kunnes ne muuttuvat kullanruskeiksi ja saavuttavat 50 °C:n sisälämpötilan. Poista makkara pannulla pihdeillä ja aseta se sivuun tarjoilulautaselle. , siivilöi. alumiinifoliolla pitääkseen sen lämpimänä.

Laita pannu takaisin lämmölle ja lisää sipuli, paprika ja vihreä paprika. Keitä ja sekoita silloin tällöin, kunnes kasvikset alkavat ruskistua. Lisää valkosipuli ja keitä 30 sekuntia koko ajan sekoittaen.

Lisää joukkoon viini, merisuola, pippuri ja chilihiutaleet. Poista ja taita kultaiset palat vuoan pohjalta. Hauduta vielä noin 4 minuuttia sekoittaen, kunnes neste on vähentynyt puoleen. Levitä paprikat makkaroiden päälle ja tarjoile.

Ravintoarvo (per 100 g):173 kaloria 1 g rasvaa 6 g hiilihydraatteja 22 g proteiinia 582 mg natriumia

Kana Piccata

Valmistusaika: 10 minuuttia

Kokkausaika: 15 minuuttia

Annokset: 6

Vaikeustaso: keskitaso

Ainesosat:

- ½ kuppia täysjyväjauhoja
- ½ tl merisuolaa
- 1/8 tl vastajauhettua mustapippuria
- 1 ½ kiloa kananrintaa, leikattu 6 osaan
- 3 ruokalusikallista ekstra-neitsytoliiviöljyä
- 1 kuppi suolatonta kanalientä
- ½ lasillista kuivaa valkoviiniä
- 1 sitruunan mehu
- 1 sitruunan kuori
- ¼ kuppia kapriksia, valutettu ja huuhdeltu
- 1/4 kuppia hienonnettua tuoretta persiljaa

Käyttöaiheet:

Vatkaa syvässä kulhossa jauhot, merisuola ja pippuri. Upota kana jauhoihin ja poista ylimääräinen. Keitä oliiviöljyä, kunnes se paistaa.

Aseta kana ja paista noin 4 minuuttia per puoli kullanruskeaksi. Ota kana pois pannusta ja aseta se sivuun peitettynä alumiinifoliolla pysymään lämpimänä.

Laita pannu takaisin lämmölle ja lisää liemi, viini, sitruunamehu, sitruunankuori ja kaprikset. Käytä lusikan kylkeä ja kääntele kullanväriset palat vuoan pohjalta. Hauduta kunnes neste sakenee. Ota kattila pois liedeltä ja palauta kana pannulle. Käännä takkiin. Lisää persilja ja tarjoile.

Ravintoarvo (per 100 g):153 kaloria 2 g rasvaa 9 g hiilihydraatteja 8 g proteiinia 692 mg natriumia

Toscanan kanaa pannulla

Valmistusaika: 10 minuuttia

Kokkausaika: 25 minuuttia

Annokset: 6

Vaikeustaso: vaikea

Ainesosat:

- 1/4 kuppia extra-neitsytoliiviöljyä, jaettu
- 1 kiloa luuttomia, nahattomia kananrintafileitä, leikattu sentin paloiksi
- 1 sipuli, hienonnettuna
- 1 punainen paprika, hienonnettuna
- 3 valkosipulinkynttä, jauhettu
- ½ lasillista kuivaa valkoviiniä
- 1 (14 unssia) tölkki murskattuja, valumattomia tomaatteja
- 1 (14 unssia) tölkki hienonnettuja, valutettuja tomaatteja
- 1 (14 unssia) tölkki valkoisia papuja, valutettuina
- 1 rkl kuivattua italialaista kastiketta
- ½ tl merisuolaa
- 1/8 tl vastajauhettua mustapippuria
- 1/8 tl paprikahiutaleita
- 1/4 kuppia hienonnettuja tuoreita basilikan lehtiä

Käyttöaiheet:

Keitä 2 ruokalusikallista oliiviöljyä, kunnes se kimaltelee. Sekoita joukkoon kana ja paista kullanruskeaksi. Ota kana pois pannulta ja aseta se sivuun tarjoilulautaselle peitettynä alumiinifoliolla, jotta se pysyy lämpimänä.

Nosta pannu takaisin lämpöön ja kuumenna loput oliiviöljystä. Lisää sipuli ja punainen paprika. Keitä ja sekoita harvoin, kunnes kasvikset ovat pehmeitä. Lisää valkosipuli ja keitä 30 sekuntia koko ajan sekoittaen.

Sekoita joukkoon viini ja käytä lusikan kylkeä poistaaksesi kullanruskeat palat kattilan pohjalta. Keitä 1 minuutti sekoittaen.

Sekoita murskatut ja hienonnetut tomaatit, valkoiset pavut, italialainen mauste, merisuola, pippuri ja chilihiutaleet. Anna kiehua. Keitä 5 minuuttia välillä sekoittaen.

Palauta kana ja kerätty kastike pannulle. Keitä kunnes kana on kypsää. Ota pois lämmöltä ja sekoita joukkoon basilika ennen tarjoilua.

Ravintoarvo (per 100 g):271 kaloria 8 g rasvaa 29 g hiilihydraatteja 14 g proteiinia 596 mg natriumia

Kapama kanaa

Valmistusaika: 10 minuuttia

Kypsennysaika: 2 tuntia

Annokset: 4

Vaikeustaso: keskitaso

Ainesosat:

- 1 (32 unssia) tölkki hienonnettuja, valutettuja tomaatteja
- ¼ kuppia kuivaa valkoviiniä
- 2 ruokalusikallista tomaattipyrettä
- 3 ruokalusikallista ekstra-neitsytoliiviöljyä
- ¼ tl paprikahiutaleita
- 1 tl jauhettua maustepippuria
- ½ tl kuivattua oreganoa
- 2 kokonaista neilikkaa
- 1 kanelitanko
- ½ tl merisuolaa
- 1/8 tl vastajauhettua mustapippuria
- 4 luutonta, nahatonta kananrintapuoliskoa

Käyttöaiheet:

Sekoita tomaatit, viini, tomaattipyree, oliiviöljy, chilihiutaleet, maustepippuri, oregano, neilikka, kanelitanko, merisuola ja pippuri kattilassa.tilavassa. Kuumenna kiehuvaksi välillä sekoittaen. Anna kiehua 30 minuuttia välillä sekoittaen. Poista ja hävitä kokonaiset neilikka ja kanelitanko kastikkeesta ja anna kastikkeen jäähtyä.

Kuumenna uuni 350 asteeseen F. Aseta kana 9 x 13 tuuman uunivuokaan. Kaada kastike kanan päälle ja peitä pannu alumiinifoliolla. Jatka kypsentämistä, kunnes se saavuttaa 165 °F:n sisälämpötilan.

Ravintoarvo (per 100 g):220 kaloria 3 g rasvaa 11 g hiilihydraatteja 8 g proteiinia 923 mg natriumia

Pinaatilla ja fetalla täytetty kananrinta

Valmistusaika: 10 minuuttia

Kokkausaika: 45 minuuttia

Annokset: 4

Vaikeustaso: keskitaso

Ainesosat:

- 2 ruokalusikallista ekstra-neitsytoliiviöljyä
- 1 kiloa tuoretta babypinaattia
- 3 valkosipulinkynttä, jauhettu
- 1 sitruunan kuori
- ½ tl merisuolaa
- 1/8 tl vastajauhettua mustapippuria
- ½ kupillista murskattua fetajuustoa
- 4 luutonta, nahatonta kananrintaa

Käyttöaiheet:

Kuumenna uuni 350 asteeseen F. Kypsennä oliiviöljyä keskilämmöllä, kunnes se kimaltelee. Lisää pinaatti. Jatka kypsentämistä ja sekoita, kunnes se kuivuu.

Lisää valkosipuli, sitruunankuori, merisuola ja pippuri. Keitä 30 sekuntia jatkuvasti sekoittaen. Anna jäähtyä hieman ja sekoita joukkoon juusto.

Levitä pinaatti-juustoseos tasaiseksi kerrokseksi kananpalojen päälle ja pyörittele rintafileet täytteen ympärille. Pidä kiinni hammastikuilla tai teuraslangalla. Aseta rintakehä 9 x 13 tuuman uunivuokaan ja paista 30–40 minuuttia tai kunnes kanan sisälämpötila on 165 °F. Poista uunista ja aseta sivuun 5 minuutiksi ennen viipalointia ja tarjoilua.

Ravintoarvo (per 100 g):263 kaloria 3 g rasvaa 7 g hiilihydraatteja 17 g proteiinia 639 mg natriumia

Paistettua kanankoipia rosmariinilla

Valmistusaika: 5 minuuttia

Kypsennysaika: 1 tunti

Annokset: 6

Vaikeustaso: helppo

Ainesosat:

- 2 rkl hienonnettuja tuoreita rosmariinin lehtiä
- 1 tl valkosipulijauhetta
- ½ tl merisuolaa
- 1/8 tl vastajauhettua mustapippuria
- 1 sitruunan kuori
- 12 kanan jalkaa

Käyttöaiheet:

Kuumenna uuni 350 °F:seen. Sekoita rosmariini, valkosipulijauhe, merisuola, pippuri ja sitruunankuori.

Aseta syömäpuikot 9 x 13 tuuman uunivuokaan ja ripottele päälle rosmariiniseosta. Kypsennä, kunnes broilerin sisälämpötila on 50 °C.

Ravintoarvo (per 100 g):163 kaloria 1 g rasvaa 2 g hiilihydraatteja 26 g proteiinia 633 mg natriumia

Kanaa sipulilla, perunoilla, viikunoilla ja porkkanoilla

Valmistusaika: 5 minuuttia

Kokkausaika: 45 minuuttia

Annokset: 4

Vaikeustaso: keskitaso

Ainesosat:

- 2 kuppia sormiperunoita, leikattu puoliksi
- 4 tuoretta viikunaa neljäsiksi leikattuna
- 2 porkkanaa, julienoitu
- 2 ruokalusikallista ekstra-neitsytoliiviöljyä
- 1 tl merisuolaa jaettuna
- ¼ tl vastajauhettua mustapippuria
- 4 kanan reisineljänneksiä
- 2 ruokalusikallista hienonnettua tuoretta persiljaa

Käyttöaiheet:

Kuumenna uuni 425 °F:seen. Mausta perunat, viikunat ja porkkanat pienessä kulhossa oliiviöljyllä, ½ tl merisuolaa ja pippuria. Levitä 9 x 13 tuuman uunivuokaan.

Mausta kana muulla merisuolalla. Laita se vihannesten päälle. Kypsennä, kunnes vihannekset ovat pehmeitä ja kana saavuttaa 50 °C:n sisälämpötilan. Ripottele päälle persiljaa ja tarjoile.

Ravintoarvo (per 100 g):429 kaloria 4 g rasvaa 27 g hiilihydraatteja 52 g proteiinia 581 mg natriumia

Kanaa ja Tzatzikia

Valmistusaika: 15 minuuttia

Kokkausaika: 1 tunti ja 20 minuuttia

Annokset: 6

Vaikeustaso: keskitaso

Aincsosat:

- 1 kiloa jauhettua kananrintaa
- 1 raastettu sipuli puristetulla ylimääraisellä vedellä
- 2 ruokalusikallista kuivattua rosmariinia
- 1 ruokalusikallinen kuivattua meiramia
- 6 valkosipulinkynttä, jauhettu
- ½ tl merisuolaa
- ¼ tl vastajauhettua mustapippuria
- Kreikkalainen Tzatziki-kastike

Käyttöaiheet:

Kuumenna uuni 350 °F:seen. Sekoita kana, sipuli, rosmariini, meirami, valkosipuli, merisuola ja pippuri monitoimikoneella. Sekoita kunnes muodostuu tahna. Vaihtoehtoisesti sekoita nämä ainekset kulhossa, kunnes ne sekoittuvat hyvin (katso valmistusvinkki).

Painele seos kattilaan. Paista kunnes sisälämpötila on 165 astetta. Ota pois uunista ja anna levätä 20 minuuttia ennen viipalointia.

Viipaloi gyro ja kaada päälle tzatziki-kastike.

Ravintoarvo (per 100 g):289 kaloria 1 g rasvaa 20 g
hiilihydraatteja 50 g proteiinia 622 mg natriumia

moussaka

Valmistusaika: 10 minuuttia

Kokkausaika: 45 minuuttia

Annokset: 8

Vaikeustaso: vaikea

Ainesosat:

- 5 ruokalusikallista ekstra-neitsytolllviöljyä jaettuna
- 1 munakoiso, viipaloitu (kuoren kanssa)
- 1 sipuli, hienonnettuna
- 1 vihreä paprika, siemenet ja hienonnettu
- 1 kiloa jauhettua kalkkunaa
- 3 valkosipulinkynttä, jauhettu
- 2 ruokalusikallista tomaattipyrettä
- 1 (14 unssia) tölkki hienonnettuja, valutettuja tomaatteja
- 1 ruokalusikallinen italialaista kastiketta
- 2 tl Worcestershire-kastiketta
- 1 tl kuivattua oreganoa
- ½ tl kanelijauhetta
- 1 kuppi makeuttamatonta rasvatonta kreikkalaista jogurttia
- 1 muna, vatkattuna
- ¼ tl vastajauhettua mustapippuria
- ¼ tl jauhettua muskottipähkinää
- ¼ kuppia raastettua parmesaanijuustoa
- 2 ruokalusikallista hienonnettua tuoretta persiljaa

Käyttöaiheet:

Kuumenna uuni 400 °F:seen. Paista 3 ruokalusikallista oliiviöljyä, kunnes se kiiltää. Lisää viipaloidut munakoisot ja ruskista 3-4 minuuttia per puoli. Siirrä imukykyiselle paperille valumaan.

Laita pannu takaisin liedelle ja kaada loput 2 ruokalusikallista oliiviöljyä joukkoon. Lisää sipuli ja vihreä paprika. Jatka kypsentämistä, kunnes kasvikset ovat pehmeitä. Ota pois pannulta ja aseta sivuun.

Ota kattila pois liedeltä ja lisää kalkkuna. Keitä noin 5 minuuttia lusikalla murskaten kullanruskeiksi. Lisää valkosipuli ja keitä 30 sekuntia jatkuvasti sekoittaen.

Sekoita joukkoon tomaattipasta, tomaatit, italialainen kastike, Worcestershire-kastike, oregano ja kaneli. Palauta sipuli ja pippuri pannulle. Keitä 5 minuuttia sekoittaen. Yhdistä jogurtti, kananmuna, pippuri, muskottipähkinä ja juusto.

Asettele puolet lihaseoksesta 9 x 13 tuuman uunivuokaan. Asettele puolet munakoisoista. Lisää loput lihaseos ja loput munakoisot. Levitä jogurttiseoksella. Paista kullanruskeaksi. Koristele persiljalla ja tarjoile.

Ravintoarvo (per 100 g):338 kaloria 5 g rasvaa 16 g hiilihydraatteja 28 g proteiinia 569 mg natriumia

Sianfilee Dijonista ja yrteillä

Valmistusaika: 10 minuuttia

Kokkausaika: 30 minuuttia

Annokset: 6

Vaikeustaso: keskitaso

Ainesosat:

- ½ kuppi tuoreita italialaisia persiljalehtiä hienonnettuna
- 3 rkl tuoreita rosmariinin lehtiä hienonnettuna
- 3 rkl tuoreita timjaminlehtiä hienonnettuna
- 3 ruokalusikallista Dijon-sinappia
- 1 ruokalusikallinen ekstra-neitsytoliiviöljyä
- 4 valkosipulinkynttä, jauhettu
- ½ tl merisuolaa
- ¼ tl vastajauhettua mustapippuria
- 1 porsaan sisäfilee (1 ½ kiloa)

Käyttöaiheet:

Kuumenna uuni 400 °F:seen. Sekoita persilja, rosmariini, timjami, sinappi, oliiviöljy, valkosipuli, merisuola ja pippuri. Sekoita noin 30 sekuntia tasaiseksi. Levitä seos tasaisesti porsaan päälle ja laita se reunukselliselle uunipellille.

Kypsennä, kunnes liha saavuttaa 140 °F:n sisäisen lämpötilan. Ota pois uunista ja aseta sivuun 10 minuutiksi ennen viipalointia ja tarjoilua.

Ravintoarvo (per 100 g):393 kaloria 3 g rasvaa 5 g hiilihydraatteja 74 g proteiinia 697 mg natriumia

Pihvi sienikastikkeella ja punaviinillä

Valmistelu aika: minuuttia plus 8 tuntia marinointiin

Kokkausaika: 20 minuuttia

Annokset: 4

Vaikeustaso: vaikea

Ainesosat:

- <u>Marinadille ja pihville</u>
- 1 kuppi kuivaa punaviiniä
- 3 valkosipulinkynttä, jauhettu
- 2 ruokalusikallista ekstra-neitsytoliiviöljyä
- 1 ruokalusikallinen vähänatriumista soijakastiketta
- 1 ruokalusikallinen kuivattua timjamia
- 1 tl Dijon-sinappia
- 2 ruokalusikallista ekstra-neitsytoliiviöljyä
- Hamepihvi 1-1 ½ puntaa, tasainen rautapihvi tai kolmiosainen pihvi
- <u>Sienikastikkeeksi</u>
- 2 ruokalusikallista ekstra-neitsytoliiviöljyä
- 1 kiloa cremini-sieniä, leikattu neljään osaan
- ½ tl merisuolaa
- 1 tl kuivattua timjamia
- 1/8 tl vastajauhettua mustapippuria
- 2 valkosipulinkynttä, jauhettu

- 1 kuppi kuivaa punaviiniä

Käyttöaiheet:

Marinadin ja pihvin valmistukseen

Vatkaa pienessä kulhossa viini, valkosipuli, oliiviöljy, soijakastike, timjami ja sinappi. Kaada suljettavaan pussiin ja lisää pihvi. Marinoi pihviä jääkaapissa 4-8 tuntia. Poista pihvi marinadista ja taputtele se kuivaksi talouspaperilla.

Paista oliiviöljyä isossa pannussa, kunnes se paistaa.

Aseta pihvi ja paista noin 4 minuuttia kummaltakin puolelta, kunnes se on kullanruskea kummaltakin puolelta ja pihvi saavuttaa 140 °F:n sisäisen lämpötilan. Ota pihvi pannulta ja aseta se alumiinifoliolla vuoratulle lautaselle. se on kuuma, kun teet sienikastikkeen.

Kun sienikastike on valmis, leikkaa pihvi viljaa vasten ½ tuuman paksuisiksi viipaleiksi.

Sienikastikkeen valmistukseen

Paista öljy samassa pannussa keskilämmöllä. Lisää sienet, merisuola, timjami ja pippuri. Keitä noin 6 minuuttia, hyvin harvoin sekoittaen, kunnes sienet ovat kullanruskeita.

Paista valkosipuli. Sekoita joukkoon viini ja poista kullanruskeat palat puisen lusikan reunalla. Keitä, kunnes neste on pudonnut puoleen. Tarjoa sienet lusikalla pihvin päälle.

Ravintoarvo (per 100 g):405 kaloria 5 g rasvaa 7 g hiilihydraatteja 33 g proteiinia 842 mg natriumia

Kreikkalaiset lihapullat

Valmistusaika: 20 minuuttia

Kokkausaika: 25 minuuttia

Annokset: 4

Vaikeustaso: keskitaso

Ainesosat:

- 2 viipaletta täysjyväleipää
- 1 ¼ kiloa jauhettua kalkkunaa
- 1 muna
- ¼ kuppia maustettuja täysjyväjauhoja
- 3 valkosipulinkynttä, jauhettu
- ¼ punasipulia raastettuna
- ¼ kupillista hienonnettua tuoretta italialaista persiljaa
- 2 ruokalusikallista hienonnettuja tuoreita mintunlehtiä
- 2 ruokalusikallista hienonnettuja tuoreita oreganonlehtiä
- ½ tl merisuolaa
- ¼ tl vastajauhettua mustapippuria

Käyttöaiheet:

Kuumenna uuni 350 °F:seen. Aseta leivinpaperi tai alumiinifolio uunipellille. Laita leipä veden alle kastumaan ja purista sitä poistaaksesi ylimääräinen. Leikkaa märkä leipä pieniksi paloiksi ja laita keskikokoiseen kulhoon.

Lisää kalkkuna, muna, korppujauho, valkosipuli, punasipuli, persilja, minttu, oregano, merisuola ja pippuri. Sekoita hyvin. Muotoile seoksesta ¼ kupin palloja. Aseta lihapullat valmiille uunipellille ja paista noin 25 minuuttia tai kunnes sisälämpötila on 165 °F.

Ravintoarvo (per 100 g):350 kaloria 6 g rasvaa 10 g hiilihydraatteja 42 g proteiinia 842 mg natriumia

Lammasta vihreillä papuilla

Valmistusaika: 10 minuuttia

Kypsennysaika: 1 tunti

Annokset: 6

Vaikeustaso: vaikea

Ainesosat:

- 1/4 kuppia extra-neitsytoliiviöljyä, jaettu
- 6 lampaankyljystä ylimääräisestä rasvasta poistettuna
- 1 tl merisuolaa jaettuna
- ½ tl vastajauhettua mustapippuria
- 2 ruokalusikallista tomaattipyrettä
- 1 ja puoli kupillista kuumaa vettä
- 1 kiloa vihreitä papuja, viipaloitu ja puolitettu poikittain
- 1 sipuli, hienonnettuna
- 2 tomaattia, hienonnettuna

Käyttöaiheet:

Paista 2 ruokalusikallista oliiviöljyä isossa pannussa, kunnes se hehkuu. Mausta lampaankyljykset ½ tl merisuolaa ja 1/8 tl pippuria. Paista lammasta kuumassa öljyssä noin 4 minuuttia per puoli, kunnes ne ovat kullanruskeita molemmilta puolilta. Laita liha tarjoiluvadille ja siirrä sivuun.

Nosta pannu takaisin lämmölle ja lisää loput 2 ruokalusikallista oliiviöljyä. Kuumenna kunnes se hehkuu.

Liuota tomaattipasta kulhossa kuumaan veteen. Lisää se kuumalle pannulle vihreiden papujen, sipulin, tomaattien ja loput ½ tl merisuolaa ja ¼ pippuria kanssa. Kuumenna kiehuvaksi kaavimalla lusikan kyljellä kultaiset palat kattilan pohjalta.

Palauta lampaankyljykset pannulle. Anna kiehua ja säädä liekki keski-matalalle tasolle. Hauduta 45 minuuttia, kunnes pavut ovat pehmeitä, lisää tarvittaessa lisää vettä kastikkeen paksuuden säätämiseksi.

Ravintoarvo (per 100 g):439 kaloria 4 g rasvaa 10 g hiilihydraatteja 50 g proteiinia 745 mg natriumia

Kanaa tomaattikastikkeessa ja balsamicokastikkeessa

Valmistusaika: 10 minuuttia

Kokkausaika: 20 minuuttia

Annokset: 4

Vaikeustaso: keskitaso

ainesosia

- 2 (8 unssia tai 226,7 g kukin) luutonta, nahatonta kananrintaa
- ½ tl. suola
- ½ tl. Hienonnettu pippuri
- 3 rkl. ekstra neitsyt-oliiviöljy
- ½ c. puolitettu kirsikkatomaatit
- 2 rkl. viipaloitu salottisipuli
- ¼ c. balsamiviinietikka
- 1 ruokalusikallinen. Jauhettu valkosipuli
- 1 ruokalusikallinen. paahdettuja fenkolin siemeniä, murskattu
- 1 ruokalusikallinen. voita

Käyttöaiheet:

Leikkaa broilerin rintafileet 4 osaan ja vatkaa niitä nuijalla ¼ tuuman paksuisiksi. Käytä ¼ teelusikallista pippuria ja suolaa kanan päällystämiseen. Kuumenna kaksi ruokalusikallista öljyä pannulla ja pidä lämpö keskilämmöllä. Paista broilerin rintafileitä molemmilta puolilta kolme minuuttia. Laita se tarjoiluvadille ja peitä foliolla, jotta se pysyy lämpimänä.

Lisää ruokalusikallinen öljyä, valkosipulia ja tomaatit pannulle ja keitä pehmeiksi. Lisää etikka ja keitä seosta, kunnes se on puolittunut. Lisää fenkolin siemenet, valkosipuli, suola ja pippuri ja keitä noin neljä minuuttia. Ota se pois lämmöltä ja sekoita se voin kanssa. Kaada tämä kastike kanan päälle ja tarjoile.

Ravintoarvo (per 100 g):294 kaloria 17 g rasvaa 10 g hiilihydraatteja 2 g proteiinia 639 mg natriumia

Ruskeaa riisiä, fetaa, tuoreita herneitä ja minttusalaattia

Valmistusaika: 10 minuuttia

Kokkausaika: 25 minuuttia

Annokset: 4

Vaikeustaso: helppo

Ainesosat:

- 2 c. ruskea riisi
- 3 c. vettä
- suola
- 5 unssia tai 141,7 g murskattua fetajuustoa
- 2 c. keitetyt herneet
- ½ c. hienonnettua minttua, tuoretta
- 2 rkl. oliiviöljy
- Suolaa ja pippuria

Käyttöaiheet:

Laita ruskea riisi, vesi ja suola kattilaan keskilämmölle, peitä ja kuumenna kiehuvaksi. Pienennä lämpöä ja anna kiehua, kunnes vesi on liuennut ja riisi on pehmeää mutta pureskeltavaa. Anna jäähtyä kokonaan

Lisää feta, herneet, minttu, oliiviöljy, suola ja pippuri salaattikulhoon jäähtyneen riisin kanssa ja sekoita tasaiseksi Tarjoa ja nauti!

Ravintoarvo (per 100 g):613 kaloria 18,2 g rasvaa 45 g hiilihydraatteja 12 g proteiinia 755 mg natriumia

Oliiveilla ja kikherneillä täytetty täysjyväpitaleipä

Valmistusaika: 10 minuuttia

Kokkausaika: 20 minuuttia

Annokset: 2

Vaikeustaso: keskitaso

Ainesosat:

- 2 täysjyväpitataskua
- 2 rkl. oliiviöljy
- 2 valkosipulinkynttä, jauhettu
- 1 sipuli, hienonnettuna
- ½ tl. kumina
- 10 mustaa oliivia hienonnettuna
- 2 c. keitetyt kikherneet
- Suolaa ja pippuria

Käyttöaiheet:

Viipaloi pita-taskut ja aseta ne sivuun. Säädä liekki keskilämmölle ja aseta pannu paikalleen. Lisää oliiviöljy ja kuumenna. Sekoita valkosipuli, sipuli ja kumina kuumalla pannulla ja sekoita kun sipulit pehmenevät ja kumina tuoksuu Lisää oliivit, kikherneet, suola ja pippuri ja sekoita kaikki kunnes kikherneet ovat kullanruskeita

Ota pannu pois lämmöltä ja soseuta kikherneet puulusikalla karkeaksi niin, että osa on ehjiä ja osa murskattu. Kuumenna pitataskut mikroaaltouunissa, uunissa tai puhtaalla pannulla liedellä.

Täytä ne kikhernesekoituksellasi ja nauti!

Ravintoarvo (per 100 g):503 kaloria 19 g rasvaa 14 g hiilihydraatteja 15,7 g proteiinia 798 mg natriumia

Paahdetut porkkanat pähkinöillä ja cannellini-pavuilla

Valmistusaika: 10 minuuttia

Kokkausaika: 45 minuuttia

Annokset: 4

Vaikeustaso: keskitaso

Ainesosat:

- 4 porkkanaa, kuorittuna, hienonnettuna
- 1 c. Saksanpähkinät
- 1 ruokalusikallinen. hunaja
- 2 rkl. oliiviöljy
- 2 c. purkitettuja cannellini-papuja, valutettuja
- 1 oksa tuoretta timjamia
- Suolaa ja pippuria

Käyttöaiheet:

Laita uuni 400 F / 204 C:een ja vuoraa uunipelti tai vuoka leivinpaperilla. Aseta porkkanat ja saksanpähkinät vuoratulle uunipellille tai vuokaan. Ripottele oliiviöljyä ja hunajaa porkkanoiden ja saksanpähkinöiden päälle ja hiero kaikki osat varmistaaksesi, että jokainen pala on päällystetty. Levitä pavut uunipellille ja laita ne porkkanoiden ja saksanpähkinöiden joukkoon.

Lisää timjami ja ripottele kaikki suolalla ja pippurilla. Laita pannu uuniin ja kypsennä noin 40 minuuttia.

Tarjoile ja nauti

Ravintoarvo (per 100 g):385 kaloria 27 g rasvaa 6 g hiilihydraatteja 18 g proteiinia 859 mg natriumia

Maustettu voikana

Valmistusaika: 10 minuuttia

Kokkausaika: 25 minuuttia

Annokset: 4

Vaikeustaso: keskitaso

Ainesosat:

- ½ c. Raskas kermavaahto
- 1 ruokalusikallinen. suola
- ½ c. Luuliemi
- 1 ruokalusikallinen. Pippuri
- 4 rkl. voita
- 4 broilerin rintafilettä

Käyttöaiheet:

Laita pannu uuniin keskilämmölle ja lisää ruokalusikallinen voita. Kun voi on kuumaa ja sulanut, aseta kana sisään ja paista viisi minuuttia molemmilta puolilta. Tämän ajan lopussa kana tulee kypsentää ja ruskistaa; jos on, mene eteenpäin ja aseta se lautaselle.

Seuraavaksi lisäät luuliemen kuumalle pannulle. Lisää kermavaahto, suola ja pippuri. Jätä sitten pannu rauhaan, kunnes kastike alkaa kiehua. Anna tämän prosessin tapahtua viisi minuuttia, jotta kastike sakeutuu.

Lisää lopuksi pannulle loput voista ja kanasta. Varmista, että asetat kastikkeen kanan päälle lusikalla ja tukahduta se kokonaan. Tarjoilla

Ravintoarvo (per 100 g):350 kaloria 25 g rasvaa 10 g hiilihydraatteja 25 g proteiinia 869 mg natriumia

Kaksoiskana pekonilla ja juustolla

Valmistusaika: 10 minuuttia

Kokkausaika: 30 minuuttia

Annokset: 4

Vaikeustaso: helppo

Ainesosat:

- 4 unssia. tai 113 g. Juusto kerma
- 1 c. Cheddar-juusto
- 8 kaistaletta pekonia
- Merisuola
- Pippuri
- 2 valkosipulinkynttä, hienonnettuna
- Kananrinta
- 1 ruokalusikallinen. Pekonirasvaa tai voita

Käyttöaiheet:

Valmistele uuni 400 F / 204 C:ssa Leikkaa broilerin rintafileet puoliksi ohuiksi

Mausta suolalla, pippurilla ja valkosipulilla. Voitele pannu voilla ja laita broilerin rintafileet siihen. Lisää tuorejuusto ja cheddarjuusto rintojen päälle

Lisää pekoniviipaleet Laita pannu uuniin 30 minuutiksi Tarjoile kuumana

Ravintoarvo (per 100 g):610 kaloria 32 g rasvaa 3 g hiilihydraatteja 38 g proteiinia 759 mg natriumia

Katkarapu sitruunalla ja pippurilla

Valmistusaika: 10 minuuttia

Kokkausaika: 10 minuuttia

Annokset: 4

Vaikeustaso: helppo

Ainesosat:

- 40 kuorittua katkarapua, kuorittu
- 6 jauhettua valkosipulinkynttä
- Suolaa ja mustapippuria
- 3 rkl. oliiviöljy
- ¼ tl. makea paprika
- Ripaus rouhittua punapippuria
- ¼ tl. raastettua sitruunankuorta
- 3 rkl. Sherryä tai muuta viiniä
- 1 ja puoli ruokalusikallista. viipaloitu ruohosipuli
- 1 sitruunan mehu

Käyttöaiheet:

Säädä lämpö keskikorkeaksi ja aseta pannu.

Lisää öljy ja katkaravut, ripottele päälle pippuria ja suolaa ja keitä 1 minuutti Lisää paprika, valkosipuli ja pippurihiutaleet, sekoita ja keitä 1 minuutti. Sekoita sherry varovasti joukkoon ja keitä vielä minuutti

Ota katkaravut pois lämmöltä, lisää ruohosipuli ja sitruunankuori, sekoita ja siirrä katkaravut lautasille. Lisää sitruunamehu kauttaaltaan ja tarjoile

Ravintoarvo (per 100 g):140 kaloria 1 g rasvaa 5 g hiilihydraatteja 18 g proteiinia 694 mg natriumia

Maustettu ja leivitetty pallas

Valmistusaika: 5 minuuttia

Kokkausaika: 25 minuuttia

Annokset: 4

Vaikeustaso: helppo

Ainesosat:

- ¼ c. hienonnettua tuoretta ruohosipulia
- ¼ c. hienonnettua tuoretta tilliä
- ¼ tl. Jauhettu mustapippuri
- ¾ c. panko korppujauhoja
- 1 ruokalusikallinen. ekstra neitsyt-oliiviöljy
- 1 teelusikallinen. hienoksi raastettua sitruunankuorta
- 1 teelusikallinen. merisuolaa
- 1/3 c. hienonnettua tuoretta persiljaa
- 4 (6 unssia tai 170 g) pallaksen filettä

Käyttöaiheet:

Sekoita keskikokoisessa kulhossa oliiviöljy ja muut ainekset paitsi pallaksen fileet ja korppujauhot

Laita pallaksen fileet seokseen ja marinoi 30 minuuttia. Esilämmitä uuni 204 C:een. Aseta folio uunipellille, voitele kypsennyssuihkeella. Upota fileet korppujauhoon ja aseta ne uunipellille. Paista uunissa 20 minuuttia Tarjoile kuumana

Ravintoarvo (per 100 g):667 kaloria 24,5 g rasvaa 2 g hiilihydraatteja 54,8 g proteiinia 756 mg natriumia

Lohi currya sinapin kanssa

Valmistusaika: 10 minuuttia

Kokkausaika: 20 minuuttia

Annokset: 4

Vaikeustaso: helppo

Ainesosat:

- ¼ tl. jauhettua punaista paprikaa tai chilijauhetta

- ¼ tl. kurkuma, jauhettu

- ¼ tl. suola

- 1 teelusikallinen. hunaja

- ¼ tl. valkosipulijauhe

- 2 tl koko sinappi

- 4 (6 unssia tai 170 g. Jokainen) lohifilettä

Käyttöaiheet:

Sekoita kulhossa sinappi ja muut ainekset lohta lukuun ottamatta. Esilämmitä uuni 350 F / 176 C Voitele uunivuoka keittosuihkeella. Aseta lohi uunipellille nahkapuoli alaspäin ja levitä sinappiseos tasaisesti fileiden päälle. Laita uuniin ja paista 10-15 minuuttia tai kunnes hiutaleet muuttuvat.

Ravintoarvo (per 100 g):324 kaloria 18,9 g rasvaa 1,3 g hiilihydraatteja 34 g proteiinia 593 mg natriumia

Lohi pähkinä-rosmariinikuoressa

Valmistusaika: 10 minuuttia

Kokkausaika: 25 minuuttia

Annokset: 4

Vaikeustaso: keskitaso

Ainesosat:

- 1 pauna tai 450 g. nahaton pakastettu lohifilee
- 2 tl Dijon-sinappi
- 1 valkosipulinkynsi, jauhettu
- ¼ tl. Sitruunan kuori
- ½ tl. hunaja
- ½ tl. kosher suola
- 1 teelusikallinen. tuoretta rosmariinia hienonnettuna
- 3 rkl. panko korppujauhoja
- ¼ tl. hienonnettua punaista paprikaa
- 3 rkl. Hienonnetut saksanpähkinät
- 2 tl ekstra neitsyt-oliiviöljy

Käyttöaiheet:

Valmistele uuni 215 °C:seen ja käytä leivinpaperia reunuksellisen uunipellin vuoraamiseen. Sekoita kulhossa sinappi, sitruunankuori, valkosipuli, sitruunamehu, hunaja, rosmariini, hienonnettu chili ja suola. Sekoita toisessa kulhossa saksanpähkinät, panko ja 1 tl öljyä. Aseta pellille leivinpaperi ja laita lohi päälle.

Levitä sinappiseos kalan päälle ja koristele panko-seoksella.

Ripottele loput oliiviöljystä kevyesti lohen päälle. Paista noin 10-12 minuuttia tai kunnes lohi erottuu haarukalla. Tarjoile kuumana

Ravintoarvo (per 100 g):222 kaloria 12 g rasvaa 4 g hiilihydraatteja 0,8 g proteiinia 812 mg natriumia

Nopea spagetti tomaateilla

Valmistusaika: 10 minuuttia

Kokkausaika: 25 minuuttia

Annokset: 4

Vaikeustaso: keskitaso

Ainesosat:

- 8 unssia. tai 226,7 g spagettia
- 3 rkl. oliiviöljy
- 4 valkosipulinkynttä, viipaloituna
- 1 jalapeno viipaloituna
- 2 c. kirsikkatomaatit
- Suolaa ja pippuria
- 1 teelusikallinen. balsamiviinietikka
- ½ c. Raastettua parmesaanijuustoa

Käyttöaiheet:

Kiehauta iso kattila vettä keskilämmöllä. Lisää ripaus suolaa ja kuumenna kiehuvaksi ja lisää sitten spagetti. Keitä 8 minuuttia. Kuumenna pastan kypsennyksen aikana öljy pannulla ja lisää valkosipuli ja jalapeño. Keitä 1 minuutti pidempään ja lisää sitten tomaatit, pippuri ja suola.

Keitä 5-7 minuuttia, kunnes tomaattikuoret irtoavat.

Lisää etikka ja ota pois lämmöltä. Valuta spagetti hyvin ja sekoita ne tomaattikastikkeen kanssa. Ripottele juustolla ja tarjoile heti.

Ravintoarvo (per 100 g):298 kaloria 13,5 g rasvaa 10,5 g hiilihydraatteja 8 g proteiinia 749 mg natriumia

Chili Oregano Paistettu Juusto

Valmistusaika: 10 minuuttia

Kokkausaika: 25 minuuttia

Annokset: 4

Vaikeustaso: helppo

Ainesosat:

- 8 unssia. tai 226,7 g fetajuustoa
- 4 unssia. tai 113 g mozzarellaa murskattuna
- 1 viipaloitu punainen paprika
- 1 teelusikallinen. kuivattu oregano
- 2 rkl. oliiviöljy

Käyttöaiheet:

Laita feta pieneen syvään uunivuokaan. Päälle mozzarella ja mausta pippuriviipaleilla ja oreganolla. peitä pannu kannella. Paista esilämmitetyssä uunissa 350 F / 176 C 20 minuuttia. Tarjoile juusto ja nauti.

Ravintoarvo (per 100 g):292 kaloria 24,2 g rasvaa 5,7 g hiilihydraatteja 2 g proteiinia 733 mg natriumia

311. Italialainen rapea kana

Valmistusaika: 10 minuuttia

Kokkausaika: 30 minuuttia

Annokset: 4

Vaikeustaso: helppo

Ainesosat:

- 4 kanan jalkaa
- 1 teelusikallinen. kuivattua basilikaa
- 1 teelusikallinen. kuivattu oregano
- Suolaa ja pippuria
- 3 rkl. oliiviöljy
- 1 ruokalusikallinen. balsamiviinietikka

Käyttöaiheet:

Mausta kana hyvin basilikalla ja oreganolla. Lisää öljy pannulla ja kuumenna. Lisää kana kuumaan öljyyn. Anna kummankin puolen paistaa 5 minuuttia, kunnes ne ovat kullanruskeita, ja peitä sitten pannu kannella.

Käännä lämpö keskilämmölle ja paista 10 minuuttia toiselta puolelta, käännä sitten kanaa toistuvasti ja keitä vielä 10 minuuttia, kunnes se on rapea. Tarjoa kana ja nauti.

Ravintoarvo (per 100 g):262 kaloria 13,9 g rasvaa 11 g hiilihydraatteja 32,6 g proteiinia 693 mg natriumia

Välimeren meribassi

Valmistusaika: 10 minuuttia

Kokkausaika: 25 minuuttia

Annokset: 4

Vaikeustaso: keskitaso

Ainesosat:

- 4 meribassin filettä
- 4 viipaloitua valkosipulinkynttä
- 1 sellerin varsi, viipaloitu
- 1 viipaloitu kesäkurpitsa
- 1 c. puolitettuja puolitettuja kirsikkatomaatteja
- 1 salottisipuli, viipaloitu
- 1 teelusikallinen. kuivattu oregano
- Suolaa ja pippuria

Käyttöaiheet:

Sekoita kulhossa valkosipuli, selleri, kesäkurpitsat, tomaatit, salottisipulit ja oregano. Lisää suolaa ja pippuria maun mukaan. Ota 4 arkkia leivinpaperia ja aseta ne työtasolle. Kaada kasvisseos jokaisen levyn keskelle.

Päälle kalafilee ja kääri paperi hyvin, jotta se näyttää taskulta. Laita kääritty kala uunivuokaan ja paista esilämmitetyssä uunissa 350 F / 176 C 15 minuuttia. Tarjoa kala kuumana ja tuoreena.

Ravintoarvo (per 100 g):149 kaloria 2,8 g rasvaa 5,2 g hiilihydraatteja 25,2 g proteiinia 696 mg natriumia

Kermainen savustettu lohipasta

Valmistusaika: 5 minuuttia

Kokkausaika: 35 minuuttia

Annokset: 4

Vaikeustaso: keskitaso

Ainesosat:

- 2 rkl. oliiviöljy
- 2 jauhettua valkosipulinkynttä
- 1 salottisipuli hienonnettuna
- 4 unssia. tai 113 g jauhettua, savustettua lohta
- 1 c. vihreät herneet
- 1 c. raskasta kermaa
- Suolaa ja pippuria
- 1 hyppysellinen punapippurihiutaleita
- 8 unssia. tai 230 g höyheniä
- 6 c. vettä

Käyttöaiheet:

Laita paistinpannu keskilämmölle ja lisää öljy. Lisää valkosipuli ja salottisipuli. Keitä 5 minuuttia tai kunnes se on pehmennyt. Lisää herneet, suola, pippuri ja chilihiutaleet. Keitä 10 minuuttia

Lisää lohi ja jatka paistamista vielä 5-7 minuuttia. Lisää kerma, alenna lämpöä ja keitä vielä 5 minuuttia.

Laita sillä välin pannu, jossa on vettä ja suolaa maun mukaan korkealle lämmölle heti kun se kiehuu, lisää penne ja keitä 8-10 minuuttia tai kunnes se pehmenee. Valuta pasta, lisää se lohikastikkeeseen ja tarjoile.

Ravintoarvo (per 100 g):393 kaloria 20,8 g rasvaa 38 g hiilihydraatteja 3 g proteiinia 836 mg natriumia

Slow Cooker kreikkalainen kana

Valmistusaika: 20 minuuttia

Kypsennysaika: 3 tuntia

Annokset: 4

Vaikeustaso: keskitaso

Ainesosat:

- 1 ruokalusikallinen ekstra-neitsytoliiviöljyä
- 2 kiloa luutonta, kananrintaa
- ½ tl kosher-suolaa
- ¼ tl mustapippuria
- 1 (12 unssia) paahdettua punaista paprikaa purkissa
- 1 kuppi Kalamata-oliiveja
- 1 keskikokoinen punasipuli, leikattu paloiksi
- 3 ruokalusikallista punaviinietikkaa
- 1 ruokalusikallinen jauhettua valkosipulia
- 1 tl hunajaa
- 1 tl kuivattua oreganoa
- 1 tl kuivattua timjamia
- ½ kuppia fetajuustoa (valinnainen, tarjoiluun)
- Tuoreet hienonnetut yrtit: mikä tahansa sekoitus basilikaa, persiljaa tai timjamia (valinnainen, tarjoiluun)

Käyttöaiheet:

Harjaa hidas liesi tarttumattomalla ruoanlaittosuihkeella tai oliiviöljyllä. Paista oliiviöljy isossa pannussa. Mausta broilerin rintafileet molemmin puolin. Kun öljy on kuumaa, lisää broilerin rintafileet ja ruskista ne molemmilta puolilta (noin 3 minuuttia).

Kun se on kypsennetty, siirrä se hitaalle liesille. Lisää kanan rintojen joukkoon punaiset paprikat, oliivit ja punasipuli. Yritä sijoittaa vihannekset kanan ympärille äläkä suoraan päälle.

Sekoita pienessä kulhossa etikka, valkosipuli, hunaja, oregano ja timjami. Kun se on yhdistetty, kaada se kanan päälle. Hauduta kanaa 3 tuntia tai kunnes se ei ole enää vaaleanpunainen keskeltä. Tarjoile murennetun fetajuuston ja tuoreiden yrttien kanssa.

Ravintoarvo (per 100 g):399 kaloria 17 g rasvaa 12 g hiilihydraatteja 50 g proteiinia 793 mg natriumia

Grillattua kanaa

Valmistusaika: 10 minuuttia

Kypsennysaika: 4 tuntia

Annokset: 4

Vaikeustaso: keskitaso

Ainesosat:

- 2 kiloa luuttomat kanan rintafileet tai kananpalat
- Yhden sitruunan mehu
- 3 valkosipulinkynttä
- 2 tl punaviinietikkaa
- 2-3 ruokalusikallista oliiviöljyä
- ½ kuppi kreikkalaista jogurttia
- 2 tl kuivattua oreganoa
- 2-4 tl kreikkalaista kastiketta
- ½ pientä punasipulia hienonnettuna
- 2 ruokalusikallista tilliyrttiä
- Kreikkalainen Tzatziki-kastike
- 1 kuppi kreikkalaista luonnonjogurttia
- 1 ruokalusikallinen tilliyrttiä
- 1 pieni englantilainen kurkku hienonnettuna
- Ripaus suolaa ja pippuria
- 1 tl sipulijauhetta
- Mausteille:

- Tomaatit

- Hienonnetut kurkut

- Hienonnettu punasipuli

- Kuutioitu feta

- Murtunut pitaleipä

Käyttöaiheet:

Leikkaa broilerin rintafileet kuutioiksi ja laita ne hitaaseen keittimeen. Lisää sitruunamehu, valkosipuli, etikka, oliiviöljy, kreikkalainen jogurtti, oregano, kreikkalainen kastike, punasipuli ja tilli hitaan liesituulettimeen ja sekoita varmistaaksesi, että kaikki on hyvin sekoittunut.

Keitä miedolla lämmöllä 5-6 tuntia tai korkealla lämmöllä 2-3 tuntia. Sekoita sillä välin kaikki tzatziki-kastikkeen ainekset ja sekoita. Kun se on hyvin sekoitettu, jäähdytä, kunnes kana on kypsää.

Kun kana on kypsennetty, tarjoile pitaleivän ja minkä tahansa tai kaikkien yllä lueteltujen täytteiden kanssa.

Ravintoarvo (per 100 g):317 kaloria 7,4 g rasvaa 36,1 g hiilihydraatteja 28,6 g proteiinia 476 mg natriumia

Slow Cooker Chicken Cassoulet

Valmistusaika: 10 minuuttia

Kokkausaika: 20 minuuttia

Annokset: 16

Vaikeustaso: keskitaso

Ainesosat:

- 1 kuppi kuivattuja meripapuja, liotettuja
- 8 nahatonta kanan reisiä luussa
- 1 puolalainen makkara, keitetty ja leikattu pieniksi paloiksi (valinnainen)
- 1¼ kuppia tomaattimehua
- 1 (28 unssia) voi puolittaa tomaatit
- 1 ruokalusikallinen Worcestershire-kastiketta
- 1 tl rakeista instant naudanlihaa tai kanalientä
- ½ tl kuivattua basilikaa
- ½ tl kuivattua oreganoa
- ½ tl paprikaa
- ½ kuppi hienonnettua selleriä
- ½ kuppi hienonnettua porkkanaa
- ½ kuppi hienonnettua sipulia

Käyttöaiheet:

Voitele hidas liesi oliiviöljyllä tai tarttumattomalla kypsennyssuihkeella. Sekoita kulhossa tomaattimehu, tomaatit, Worcestershire-kastike, naudanlihaliemi, basilika, oregano ja paprika. Varmista, että ainekset ovat hyvin sekoitettuja.

Laita kana ja makkara hitaan keittimeen ja peitä tomaattimehuseoksella. Päälle selleri, porkkana ja sipuli. Hauduta 10-12 tuntia.

Ravintoarvo (per 100 g):244 kaloria 7 g rasvaa 25 g hiilihydraatteja 21 g

Hitaasti kypsennetty provencelainen kana

Valmistusaika: 5 minuuttia

Kypsennysaika: 8 tuntia

Annokset: 4

Vaikeustaso: helppo

Ainesosat:

- 4 (6 unssia) luutonta nahkatonta kananrintapuoliskoa
- 2 tl kuivattua basilikaa
- 1 tl kuivattua timjamia
- 1/8 tl suolaa
- 1/8 tl vastajauhettua mustapippuria
- 1 keltainen paprika kuutioituna
- 1 punainen paprika kuutioituna
- 1 tölkki (15,5 unssia) cannellini-papuja
- 1 (14,5 unssia) purkki pieniä tomaatteja basilikan, valkosipulin ja oreganon kera, valumatta

Käyttöaiheet:

Voitele hidas liesi tarttumattomalla oliiviöljyllä. Lisää kaikki ainekset hitaaseen keittimeen ja sekoita tasaiseksi. Hauduta 8 tuntia.

Ravintoarvo (per 100 g):304 kaloria 4,5 g rasvaa 27,3 g hiilihydraatteja 39,4 g proteiinia 639 mg natriumia

Kreikkalainen paistettu kalkkuna

Valmistusaika: 20 minuuttia

Kokkausaika: 7 tuntia ja 30 minuuttia

Annokset: 8

Vaikeustaso: keskitaso

Ainesosat:

- 1 (4 lbs.) Luuton kalkkunanrinta, leikattu
- ½ kupillista kanalientä, jaettuna
- 2 ruokalusikallista tuoretta sitruunamehua
- 2 kupillista hienonnettua sipulia
- ½ kuppia kivettömiä Kalamata-oliiveja
- ½ kuppia kuivattuja tomaatteja öljyssä ohuiksi viipaleina
- 1 tl kreikkalaista kastiketta
- ½ tl suolaa
- ¼ tl vastajauhettua mustapippuria
- 3 rkl jauhoja 00 (tai täysjyvä)

Käyttöaiheet:

Harjaa hidas liesi tarttumattomalla ruoanlaittosuihkeella tai oliiviöljyllä. Lisää kalkkuna, ¼ kupillinen kanalientä, sitruunamehu, sipuli, oliivit, aurinkokuivatut tomaatit, kreikkalainen mauste, suola ja pippuri hitaan liesituulettimeen.

Hauduta 7 tuntia. Kaada jauhot jäljellä olevaan ¼ kupilliseen kanalientä ja sekoita sitten varovasti hitaassa keittimessä. Keitä vielä 30 minuuttia.

Ravintoarvo (per 100 g):341 kaloria 19 g rasvaa 12 g hiilihydraatteja 36,4 g proteiinia 639 mg natriumia

Kanaa valkosipulissa couscousin kanssa

Valmistusaika: 25 minuuttia

Kypsennysaika: 7 tuntia

Annokset: 4

Vaikeustaso: keskitaso

Ainesosat:

- 1 kokonainen kana paloiksi leikattuna
- 1 ruokalusikallinen ekstra-neitsytoliiviöljyä
- 6 valkosipulinkynttä, leikattu puoliksi
- 1 kuppi kuivaa valkoviiniä
- 1 kuppi couscousia
- ½ tl suolaa
- ½ tl pippuria
- 1 keskikokoinen sipuli ohuiksi viipaleina
- 2 tl kuivattua timjamia
- 1/3 kuppia täysjyväjauhoja

Käyttöaiheet:

Paista oliiviöljy paksussa pannussa. Kun pannu on kuuma, lisää kana ruskeaksi. Varmista, että kananpalat eivät kosketa. Paista nahkapuoli alaspäin noin 3 minuuttia tai kunnes pinta on kullanruskea.

Harjaa hidas liesi tarttumattomalla ruoanlaittosuihkeella tai oliiviöljyllä. Laita sipuli, valkosipuli ja timjami kattilaan ja ripottele päälle suolaa ja pippuria. Ripottele kana sipulien päälle.

Vatkaa jauhot erillisessä kulhossa viiniin, kunnes paakkuja ei tule, ja kaada sitten kanan päälle. Keitä miedolla lämmöllä 7 tuntia tai kunnes se on kypsää. Voit keittää korkealla lämmöllä jopa 3 tuntia. Tarjoile kana keitetyn couscousin päällä ja lusikalla kastiketta päälle.

Ravintoarvo (per 100 g):440 kaloria 17,5 g rasvaa 14 g hiilihydraatteja 35,8 g proteiinia 674 mg natriumia

Kana Karahi

Valmistusaika: 5 minuuttia

Kypsennysaika: 5 tuntia

Annokset: 4

Vaikeustaso: helppo

Ainesosat:

- 2 kiloa kananrintaa tai reisiä
- ¼ kupillista oliiviöljyä
- 1 pieni purkki tomaattipyreetä
- 1 ruokalusikallinen voita
- 1 iso sipuli kuutioituna
- ½ kupillista kreikkalaista luonnonjogurttia
- ½ kupillista vettä
- 2 rkl inkivääriä valkosipulitahnassa
- 3 ruokalusikallista sarviapilan lehtiä
- 1 tl jauhettua korianteria
- 1 keskikokoinen tomaatti
- 1 tl punaista paprikaa
- 2 vihreää chiliä
- 1 tl kurkumaa
- 1 ruokalusikallinen garam masalaa
- 1 tl kuminajauhetta
- 1 tl merisuolaa
- ¼ tl muskottipähkinää

Käyttöaiheet:

Harjaa hidas liesi tarttumattomalla kypsennyssuihkeella. Sekoita pienessä kulhossa kaikki mausteet huolellisesti. Sekoita kana hidas liesi, ja sen jälkeen loput ainekset, mukaan lukien mausteseos. Sekoita, kunnes kaikki on sekoittunut hyvin mausteiden kanssa.

Hauduta 4-5 tuntia. Tarjoile naanin tai italialaisen leivän kanssa.

Ravintoarvo (per 100 g):345 kaloria 9,9 g rasvaa 10 g hiilihydraatteja 53,7 g proteiinia 715 mg natriumia

Kana Cacciatore ohralla

Valmistusaika: 20 minuuttia

Kypsennysaika: 4 tuntia

Annokset: 6

Vaikeustaso: helppo

Ainesosat:

- 2 kiloa kanan reidet nahalla
- 1 ruokalusikallinen oliiviöljyä
- 1 kuppi sieniä neljäsiksi leikattuna
- 3 porkkanaa, hienonnettuna
- 1 purkki Kalamata-oliiveja
- 2 (14 unssia) tölkkiä kuutioituja tomaatteja
- 1 pieni purkki tomaattipyreetä
- 1 kuppi punaviiniä
- 5 valkosipulinkynttä
- 1 kuppi ohraa

Käyttöaiheet:

Paista isossa pannussa oliiviöljy. Kun öljy on kuumaa, lisää kana nahkapuoli alaspäin ja ruskista se. Varmista, että kananpalat eivät kosketa.

Kun kana on kullanruskea, lisää se hitaaseen keittimeen kaikkien ainesten ohraa lukuun ottamatta. Hauduta kanaa 2 tuntia, lisää sitten ohra ja keitä vielä 2 tuntia. Tarjoile ranskalaisen leivänpohjan kanssa.

Ravintoarvo (per 100 g):424 kaloria 16 g rasvaa 10 g hiilihydraatteja 11 g proteiinia 845 mg natriumia

Hitaasti kypsennetty Provencal Daube

Valmistusaika: 15 minuuttia

Kypsennysaika: 8 tuntia

Annokset: 8

Vaikeustaso: keskitaso

Ainesosat:

- 1 ruokalusikallinen oliiviöljyä
- 10 valkosipulinkynttä, jauhettu
- 2 kiloa luutonta istukkapaistia
- 1 ja puoli teelusikallista suolaa jaettuna
- ½ tl vastajauhettua mustapippuria
- 1 kuppi kuivaa punaviiniä
- 2 kupillista porkkanaa, hienonnettuna
- 1 1/2 kuppia hienonnettua sipulia
- ½ kuppi naudanlihalientä
- 1 (14 unssia) tölkki kuutioituja tomaatteja
- 1 ruokalusikallinen tomaattipyrettä
- 1 tl hienonnettua tuoretta rosmariinia
- 1 tl tuoretta timjamia hienonnettuna
- ½ tl raastettua appelsiinin kuorta
- ½ tl kanelijauhetta
- ¼ tl jauhettua neilikkaa
- 1 laakerinlehti

Käyttöaiheet:

Kuumenna pannu ja lisää sitten oliiviöljy. Lisää valkosipuli ja hienonnettu sipuli ja paista kunnes sipulit ovat pehmeitä ja valkosipuli alkaa ruskea.

Lisää kuutioitu liha, suola ja pippuri ja keitä, kunnes liha on kullanruskeaa. Siirrä liha hitaaseen keittimeen. Sekoita naudanlihaliemi pannulle ja anna sen kiehua noin 3 minuuttia, jotta pannu lämpenee, Ja kaada sitten hitaan liesi lihan päälle.

Sekoita loput ainekset hitaaseen keittimeen ja sekoita hyvin. Aseta hidas liesi matalalle ja keitä 8 tuntia tai aseta kattila korkealle ja keitä 4 tuntia. Tarjoile munapastan, riisin tai italialaisen rapean leivän kanssa.

Ravintoarvo (per 100 g):547 kaloria 30,5 g rasvaa 22 g hiilihydraatteja 45,2 g proteiinia 809 mg natriumia

Haudutettua vasikanlihaa

Valmistusaika: 30 minuuttia

Kypsennysaika: 8 tuntia

Annokset: 3

Vaikeustaso: keskitaso

Ainesosat:

- 4 vartta naudan- tai vasikanlihaa
- 1 tl merisuolaa
- ½ tl jauhettua mustapippuria
- 3 ruokalusikallista täysjyväjauhoja
- 1-2 ruokalusikallista oliiviöljyä
- 2 keskikokoista sipulia kuutioituna
- 2 keskikokoista porkkanaa kuutioiksi leikattuna
- 2 sellerinvartta, kuutioituna
- 4 valkosipulinkynttä, jauhettu
- 1 (14 unssia) tölkki kuutioituja tomaatteja
- 2 tl kuivattuja timjaminlehtiä
- ½ kuppi naudan- tai kasvislientä

Käyttöaiheet:

Mausta varret molemmilta puolilta ja kasta ne sitten jauhoissa peitoksi. Kuumenna iso pannu korkealla lämmöllä. Lisää oliiviöljy. Kun öljy on kuumaa, lisää varret ja ruskista tasaisesti molemmilta puolilta. Kun ne ovat kullanruskeita, siirrä ne hitaaseen keittimeen.

Kaada liemi pannulle ja anna kiehua 3-5 minuuttia sekoittaen, jotta pannu sekoittuu. Siirrä loput ainekset hitaaseen keittimeen ja kaada liemi pannulta sen päälle.

Aseta hidas liesi alhaiselle tasolle ja keitä 8 tuntia. Tarjoile Osso Bucco kvinoan, ruskean riisin tai jopa kukkakaaliriisin päällä.

Ravintoarvo (per 100 g):589 kaloria 21,3 g rasvaa 15 g hiilihydraatteja 74,7 g proteiinia 893 mg natriumia

Hitaasti kypsennetty naudanliha bourguignon

Valmistusaika: 5 minuuttia

Kypsennysaika: 8 tuntia

Annokset: 8

Vaikeustaso: vaikea

Ainesosat:

- 1 ruokalusikallinen ekstra-neitsytoliiviöljyä
- 6 unssia pekonia, karkeasti pilkottuna
- 3 kiloa naudan rintalihaa, poistettu rasvasta, leikattu 2 tuuman kuutioiksi
- 1 iso porkkana viipaloituna
- 1 iso valkoinen sipuli kuutioituna
- 6 valkosipulinkynttä, jauhettu ja jaettu
- ½ tl karkeaa suolaa
- ½ tl vastajauhettua pippuria
- 2 ruokalusikallista täysjyvävehnää
- 12 pientä sipulia
- 3 lasillista punaviiniä (Merlot, Pinot Nero tai Chianti)
- 2 kupillista naudanlihalientä
- 2 ruokalusikallista tomaattipyrettä
- 1 kuutio naudanlientä, murskattuna
- 1 tl tuoretta timjamia hienonnettuna
- 2 ruokalusikallista tuoretta persiljaa

- 2 laakerinlehteä
- 2 ruokalusikallista voita tai 1 rkl oliiviöljyä
- 1 kiloa pieniä tuoreita valkoisia tai ruskeita sieniä, neljäsosa

Käyttöaiheet:

Kuumenna paistinpannu keskilämmöllä ja lisää sitten oliiviöljy. Kun öljy on lämmennyt, kypsennä pekoni rapeaksi ja laita se sitten hitaaseen keittimeen. Säilytä pekonirasva pannulla.

Kuivaa liha ja paista sitä samassa pannussa pekonirasvan kanssa, kunnes kaikki sivut ovat samanvärisiä. Siirrä hitaalle liesille.

Sekoita sipulit ja porkkanat hitaaseen keittimeen ja mausta suolalla ja pippurilla. Sekoita ainekset tasaiseksi ja varmista, että kaikki on maustettua.

Sekoita punaviini kattilaan ja anna kiehua 4-5 minuuttia, jotta kattila lämpenee. Sekoita sitten jauhot tasaiseksi sekoittaen. Jatka kypsentämistä, kunnes neste on haihtunut ja hieman paksuuntunut.

Kun neste on sakeutunut, kaada se hidaskeittimeen ja sekoita niin, että kaikki peittyy viiniseoksella. Lisää tomaattipyree, liemikuutio, timjami, persilja, 4 valkosipulinkynttä ja laakerinlehti. Aseta hidas liesi korkealle ja kypsennä 6 tuntia tai aseta se matalalle ja kypsennä 8 tuntia.

Pehmennä voi tai kuumenna oliiviöljyä pannulla keskilämmöllä. Kun öljy on kuumaa, sekoita joukkoon loput 2 valkosipulinkynttä ja keitä noin 1 minuutti ennen sienien lisäämistä. Kypsennä sienet pehmeiksi, lisää sitten hitaaseen keittimeen ja sekoita tasaiseksi.

Tarjoile perunamuusin, riisin tai nuudeleiden kanssa.

Ravintoarvo (per 100 g):672 kaloria 32 g rasvaa 15 g hiilihydraatteja 56 g proteiinia 693 mg natriumia

Balsamico Naudanliha

Valmistusaika: 5 minuuttia

Kypsennysaika: 8 tuntia

Annokset: 10

Vaikeustaso: keskitaso

Ainesosat:

- 2 kiloa luutonta istukkapaistia
- 1 ruokalusikallinen oliiviöljyä
- Hieroa
- 1 tl valkosipulijauhetta
- ½ tl sipulijauhetta
- 1 tl merisuolaa
- ½ tl vastajauhettua mustapippuria
- kastike
- ½ kupillista balsamiviinietikkaa
- 2 ruokalusikallista hunajaa
- 1 ruokalusikallinen hunaja-sinappia
- 1 kuppi naudanlihalientä
- 1 rkl tapiokaa, täysjyväjauhoja tai maissitärkkelystä (jos haluat sakeuttaa kastiketta kypsennyksen aikana)

Käyttöaiheet:

Sekoita kaikki hieronnan ainekset.

Sekoita erillisessä kulhossa balsamiviinietikka, hunaja, hunajasinappi ja naudanlihaliemi. Voitele paisti oliiviöljyllä ja hiero sitten hankausseoksen mausteilla. Laita paisti hitaaseen keittimeen ja kaada sitten kastike päälle. Aseta hidas liesi alhaiselle tasolle ja keitä 8 tuntia.

Jos haluat sakeuttaa kastiketta paistin kypsyessä, siirrä se hitaasta keittimestä tarjoiluastiaan. Kaada sitten neste kattilaan ja kuumenna kiehuvaksi liedellä. Sekoita joukkoon jauhot, kunnes seos on tasaista ja keitä, kunnes kastike on paksuuntunut.

Ravintoarvo (per 100 g):306 kaloria 19 g rasvaa 13 g hiilihydraatteja 25 g proteiinia 823 mg natriumia

Paahdettua vasikanlihaa

Valmistusaika: 20 minuuttia

Kypsennysaika: 5 tuntia

Annokset: 8

Vaikeustaso: keskitaso

Ainesosat:

- 2 ruokalusikallista oliiviöljyä
- Suolaa ja pippuria
- 3 kilon luuton vasikanpaisti, sidottu
- 4 keskikokoista porkkanaa kuorittuna
- 2 palsternakkaa kuorittuna ja puolitettuna
- 2 valkoista nauriia, kuorittu ja neljäsiksi leikattu
- 10 kuorittua valkosipulinkynttä
- 2 oksaa tuoretta timjamia
- 1 appelsiini, hierottu ja raastettu
- 1 kuppi kana- tai vasikanlientä

Käyttöaiheet:

Kuumenna iso pannu keskilämmöllä. Siivilöi vasikanpaisti oliiviöljyllä ja mausta suolalla ja pippurilla. Kun pannu on kuuma, lisää vasikanpaisti ja ruskista joka puolelta. Se kestää noin 3 minuuttia kummaltakin puolelta, mutta tämä prosessi sulkee mehut ja tekee lihasta mehevän.

Kun se on kypsennetty, laita se hidas liesi. Laita pannulle porkkanat, palsternakka, nauris ja valkosipuli. Sekoita ja kypsennä noin 5 minuuttia, ei kokonaan, vain saadaksesi ruskeat palat vasikanlihasta ja antamaan sille väriä.

Siirrä vihannekset hitaalle keittimelle asettamalla ne lihan ympärille. Täydennä paisti timjamilla ja appelsiinin kuorella. Leikkaa appelsiini puoliksi ja purista mehu lihan päälle. Lisää kanaliemi ja hauduta sitten paistia 5 tuntia.

Ravintoarvo (per 100 g):426 kaloria 12,8 g rasvaa 10 g hiilihydraatteja 48,8 g proteiinia 822 mg natriumia

Välimerellinen riisi ja makkara

Valmistusaika: 15 minuuttia

Kypsennysaika: 8 tuntia

Annokset: 6

Vaikeustaso: keskitaso

Ainesosat:

- 1 ½ kiloa italialaista makkaraa murskattuna
- 1 keskikokoinen sipuli, hienonnettuna
- 2 ruokalusikallista pihvikastiketta
- 2 kupillista keittämätöntä pitkäjyväistä riisiä
- 1 (14 unssia) tölkki kuutioituja tomaatteja mehulla
- ½ kupillista vettä
- 1 keskikokoinen vihreä paprika kuutioituna

Käyttöaiheet:

Suihkuta hidas liesi oliiviöljyllä tai tarttumattomalla kypsennyssuihkeella. Lisää makkara-, sipuli- ja pihvikastike hitaan liesituulettimeen. Aseta matalaksi 8-10 tunniksi.

Lisää 8 tunnin kuluttua riisi, tomaatit, vesi ja vihreä paprika. Sekoita hyvin. Keitä vielä 20-25 minuuttia.

Ravintoarvo (per 100 g):650 kaloria 36 g rasvaa 11 g hiilihydraatteja 22 g proteiinia 633 mg natriumia

Espanjalaiset lihapullat

Valmistusaika: 20 minuuttia

Kypsennysaika: 5 tuntia

Annokset: 6

Vaikeustaso: vaikea

Ainesosat:

- 1 kiloa jauhettua kalkkunaa
- 1 kiloa jauhettua sianlihaa
- 2 munaa
- 1 (20 unssia) tölkki kuutioituja tomaatteja
- ¾ kupillista makeaa sipulia, hienonnettu, jaettu
- ¼ kuppia plus 1 ruokalusikallinen korppujauhoja
- 3 ruokalusikallista hienonnettua tuoretta persiljaa
- 1 ja puoli teelusikallista kuminaa
- 1 ja puoli teelusikallista paprikaa (makeaa tai mausteista)

Käyttöaiheet:

Suihkuta hidas liesi oliiviöljyllä.

Sekoita kulhossa jauheliha, munat, noin puolet sipulista, korppujauhot ja mausteet.

Pese kädet ja sekoita, kunnes kaikki on hyvin sekoittunut. Älä kuitenkaan sekoita liikaa, sillä se tekee lihapulloista kovia.

Muotoile lihapulliksi. Se, kuinka suuria teet niistä, määrittää luonnollisesti saamiesi lihapullien kokonaismäärän.

Kypsennä pannussa 2 ruokalusikallista oliiviöljyä keskilämmöllä. Kun ne ovat kuumia, lisää lihapullat ja ruskista ne joka puolelta. Varmista, että pallot eivät kosketa toisiaan, jotta ne muuttuvat kullanruskeiksi tasaisesti. Kun olet valmis, siirrä ne hitaaseen keittimeen.

Lisää loput sipulit ja tomaatit pannulle ja kypsennä muutama minuutti, raaputa lihapullien ruskeita paloja, kunnes ne ovat maustettuja. Siirrä tomaatit lihapullien joukkoon hidaskeittimessä ja keitä miedolla lämmöllä 5 tuntia.

Ravintoarvo (per 100 g):372 kaloria 21,7 g rasvaa 15 g hiilihydraatteja 28,6 proteiinia 772 mg natriumia

Kukkakaali sitrus- ja oliivikastikkeella

Valmistusaika: 15 minuuttia

Kokkausaika: 30 minuuttia

Annokset: 4

Vaikeustaso: keskitaso

Ainesosat:

- 1 tai 2 isoa kukkakaalin päätä
- 1/3 kupillista ekstra-neitsytoliiviöljyä
- ¼ tl kosher-suolaa
- 1/8 tl jauhettua mustapippuria
- 1 appelsiinin mehu
- 1 appelsiinin kuori
- ¼ kuppia mustia oliiveja, kivet poistettuna ja hienonnettuna
- 1 ruokalusikallinen Dijon- tai rakeista sinappia
- 1 ruokalusikallinen punaviinietikkaa
- ½ tl jauhettua korianteria

Käyttöaiheet:

Kuumenna uuni 400 asteeseen F. Aseta pannulle leivinpaperi tai alumiinifolio. Leikkaa kukkakaalin kanta niin, että se pysyy pystyssä. Leikkaa se pystysuunnassa neljään paksuun lautaseen. Aseta kukkakaali valmiille uunipellille. Voitele oliiviöljyllä, suolalla ja mustapippurilla. Paista noin 30 minuuttia.

Sekoita keskikokoisessa kulhossa appelsiinimehu, appelsiinin kuori, oliivit, sinappi, etikka ja korianteri; Sekoita hyvin. Tarjoile kastikkeen kanssa.

Ravintoarvo (per 100 g):265 kaloria 21 g rasvaa 4 g hiilihydraatteja 5 g proteiinia 693 mg natriumia

Pasta pistaasipestolla ja minttupestolla

Valmistusaika: 10 minuuttia

Kokkausaika: 10 minuuttia

Annokset: 4

Vaikeustaso: keskitaso

Ainesosat:

- 8 unssia täysjyväpastaa
- 1 kuppi tuoretta minttua
- ½ kuppi tuoretta basilikaa
- 1/3 kuppia suolaamattomia pistaasipähkinöitä, kuorittuja
- 1 kuorittu valkosipulinkynsi
- ½ tl kosher-suolaa
- ½ limen mehu
- 1/3 kupillista ekstra-neitsytoliiviöljyä

Käyttöaiheet:

Keitä pasta pakkauksen ohjeen mukaan. Valuta, varaa ½ kupillista vettä pastaa varten ja laita sivuun. Lisää monitoimikoneessa minttu, basilika, pistaasipähkinät, valkosipuli, suola ja limen mehu. Sekoita, kunnes pistaasipähkinät ovat karkeaksi jauhettua. Sekoita oliiviöljy hitaasti tasaisena virtana ja sekoita, kunnes se on sulanut.

Sekoita pasta suuressa kulhossa pistaasipeston kanssa. Jos haluat ohuemman ja maukkaamman koostumuksen, lisää joukkoon varattua pastavettä ja sekoita hyvin.

Ravintoarvo (per 100 g):420 kaloria 3 g rasvaa 2 g hiilihydraatteja 11 g proteiinia 593 mg natriumia

Paistettu tofu kuivatuilla tomaateilla ja artisokalla

Valmistusaika: 30 minuuttia

Kokkausaika: 30 minuuttia

Annokset: 4

Vaikeustaso: keskitaso

Ainesosat:

- 1 16 unssin paketti erittäin kovaa tofua leikattuna 1 tuuman kuutioiksi
- 2 ruokalusikallista ekstra-neitsytoliiviöljyä jaettuna
- 2 ruokalusikallista sitruunamehua jaettuna
- 1 ruokalusikallinen vähänatriumista soijakastiketta
- 1 sipuli kuutioituna
- ½ tl kosher-suolaa
- 2 valkosipulinkynttä, jauhettu
- 1 (14 unssia) tölkki artisokan sydämiä valutettuna
- 8 kuivattua tomaattia
- ¼ tl vastajauhettua mustapippuria
- 1 ruokalusikallinen valkoviinietikkaa
- 1 sitruunan kuori
- 1/4 kuppia hienonnettua tuoretta persiljaa

Käyttöaiheet:

Valmistele uuni 400 ° F. Aseta muovikelmu tai leivinpaperi vuokaan. Sekoita kulhossa tofu, 1 rkl oliiviöljyä, 1 rkl sitruunamehua ja soijakastike. Aseta sivuun ja marinoi 15-30 minuuttia. Asettele tofu yhdeksi kerrokseksi valmiille uunipellille ja paista 20 minuuttia, käännä kerran, kunnes se on kullanruskea.

Paista jäljellä oleva ruokalusikallinen oliiviöljyä suuressa pannussa tai paista pannulla keskilämmöllä. Lisää sipuli ja suola; ruskea läpikuultavaksi, 5-6 minuuttia. Sekoita joukkoon valkosipuli ja kuullota 30 sekuntia. Lisää sitten artisokan sydämet, kuivatut tomaatit ja mustapippuri ja ruskista 5 minuuttia. Lisää valkoviinietikka ja loput 1 rkl sitruunamehua ja poista pannu lasista raaputa ruskeat palat. Nosta kattila liedeltä ja lisää sitruunankuori ja persilja. Lisää paistettu tofu varovasti joukkoon.

Ravintoarvo (per 100 g):230 kaloria 14 g rasvaa 5 g hiilihydraatteja 14 g proteiinia 593 mg natriumia

Paistettu välimerellinen tempeh tomaateilla ja valkosipulilla

Valmistelu aika: 25 minuuttia, plus 4 tuntia marinointiin

Kokkausaika: 35 minuuttia

Annokset: 4

Vaikeustaso: vaikea

Ainesosat:

- Tempehille
- 12 unssia tempehiä
- ¼ lasillista valkoviiniä
- 2 ruokalusikallista ekstra-neitsytoliiviöljyä
- 2 ruokalusikallista sitruunamehua
- 1 sitruunan kuori
- ¼ tl kosher-suolaa
- ¼ tl vastajauhettua mustapippuria
- Tomaatti- ja valkosipulikastikkeelle
- 1 ruokalusikallinen ekstra-neitsytoliiviöljyä
- 1 sipuli kuutioituna
- 3 valkosipulinkynttä, jauhettu
- 1 (14,5 unssia) purkki murskattuja tomaatteja ilman lisättyä suolaa
- 1 pihvitomaatti kuutioituna
- 1 kuivattu laakerinlehti

- 1 tl valkoviinietikkaa
- 1 tl sitruunamehua
- 1 tl kuivattua oreganoa
- 1 tl kuivattua timjamia
- ¾ tl kosher-suolaa
- 1/4 kuppia basilikaa, leikattu suikaleiksi

Käyttöaiheet:

Tehdä Tempeh

Laita tempeh keskikokoiseen kattilaan. Täytä niin paljon vettä, että se peittyy 1-2 tuumaa. Kuumenna kiehuvaksi keskilämmöllä, peitä ja alenna lämpöä kiehumaan. Kypsennä 10-15 minuuttia. Poista tempeh, kuivaa, jäähdytä ja leikkaa se 1 tuuman kuutioiksi.

Sekoita valkoviini, oliiviöljy, sitruunamehu, sitruunankuori, suola ja mustapippuri. Lisää tempeh, peitä kulho, jäähdytä 4 tuntia tai yön yli. Kuumenna uuni 375 °F:seen. Laita marinoitu tempeh ja marinadi uunivuokaan ja kypsennä 15 minuuttia.

Tomaatti- ja valkosipulikastikkeen valmistukseen

Paista oliiviöljyä isossa pannussa keskilämmöllä. Lisää sipuli ja kuullota läpinäkyväksi 3–5 minuuttia. Sekoita joukkoon valkosipuli ja kuullota 30 sekuntia. Lisää murskatut tomaatit, pihvitomaatti, laakerinlehti, etikka, sitruunamehu, oregano, timjami ja suola. Sekoita hyvin. Keitä 15 minuuttia.

Lisää keitetty tempeh tomaattiseokseen ja sekoita varovasti. Koristele basilikalla.

VAIHTOVINKKI: Jos et ole valmis tai haluat vain nopeuttaa kypsennysprosessia, voit korvata tempehin 14,5 unssin tölkkillä valkoisia papuja. Huuhtele pavut ja laita ne kastikkeeseen murskattujen tomaattien kanssa. Siitä tulee silti loistava vegaaninen alkupala puolessa ajassa!

Ravintoarvo (per 100 g):330 kaloria 20 g rasvaa 4 g hiilihydraatteja 18 g proteiinia 693 mg natriumia

Paahdetut portobello-sienet mustakaalilla ja punasipulilla

Valmistusaika: 30 minuuttia

Kokkausaika: 30 minuuttia

Annokset: 4

Vaikeustaso: vaikea

Ainesosat:

- ¼ kupillista valkoviinietikkaa
- 3 ruokalusikallista ekstra-neitsytoliiviöljyä jaettuna
- ½ tl hunajaa
- ¾ tl kosher-suolaa jaettuna
- ¼ tl vastajauhettua mustapippuria
- 4 isoa portobello-sientä, varsi
- 1 punasipuli, julienoitu
- 2 valkosipulinkynttä, jauhettu
- 1 nippu lehtikaalia (8 unssia), varret ja hienonnettu pieneksi
- ¼ tl paprikahiutaleita
- ¼ kuppia raastettua parmesaania tai roomalaista juustoa

Käyttöaiheet:

Laita vuokaan leivinpaperi tai alumiinifolio. Vatkaa keskikokoisessa kulhossa etikka, 1 1/2 ruokalusikallista oliiviöljyä, hunajaa, ¼ tl suolaa ja mustapippuria. Laita sienet uunipellille ja kaada marinadi päälle. Anna marinoitua 15-30 minuuttia.

Esilämmitä sillä välin uuni 400 °F:een. Paista sieniä 20 minuuttia ja käännä niitä kypsennyksen puolivälissä. Kuumenna loput 1 1/2 ruokalusikallista oliiviöljyä suuressa pannussa tai uunipannussa keskilämmöllä. Lisää sipuli ja loput ½ tl suolaa ja kuullota kullanruskeiksi 5-6 minuuttia. Sekoita joukkoon valkosipuli ja kuullota 30 sekuntia. Sekoita joukkoon lehtikaali ja chilihiutaleet ja kuullota, kunnes lehtikaali on kypsää, noin 5 minuuttia.

Ota sienet uunista ja nosta lämpöä grillaamaan. Kaada neste varovasti kattilasta kattilaan, jossa on lehtikaali; Sekoita hyvin. Käännä sienet ympäri niin, että varren puoli on ylöspäin. Kaada osa lehtikaaliseosta jokaisen sienen päälle. Ripottele jokaisen päälle 1 rkl parmesaania. Paista kullanruskeaksi.

Ravintoarvo (per 100 g):200 kaloria 13 g rasvaa 4 g hiilihydraatteja 8 g proteiinia

Balsamimarinoitua tofua basilikan ja oreganon kera

Valmistusaika: 40 minuuttia

Kokkausaika: 30 minuuttia

Annokset: 4

Vaikeustaso: keskitaso

Ainesosat:

- ¼ kupillista ekstra-neitsytoliiviöljyä
- ¼ kuppia balsamiviinietikkaa
- 2 ruokalusikallista vähänatriumista soijakastiketta
- 3 valkosipulinkynttä, raastettuna
- 2 tl puhdasta vaahterasiirappia
- 1 sitruunan kuori
- 1 tl kuivattua basilikaa
- 1 tl kuivattua oreganoa
- ½ tl kuivattua timjamia
- ½ tl kuivattua salviaa
- ¼ tl kosher-suolaa
- ¼ tl vastajauhettua mustapippuria
- ¼ tl punapippurihiutaleita (valinnainen)
- 1 pala (16 unssia) erittäin kiinteää tofua

Käyttöaiheet:

Sekoita 1 litran kulhossa tai vetoketjupussissa halutessasi oliiviöljy, etikka, soijakastike, valkosipuli, vaahterasiirappi, sitruunankuori, basilika, oregano, timjami, salvia, suola, mustapippuri ja punapippuri. Lisää tofu ja sekoita varovasti. Jäähdytä ja anna marinoitua 30 minuuttia tai halutessasi yön yli.

Valmistele uuni 425 °F:ssa. Aseta pannulle leivinpaperia tai alumiinifoliota. Asettele marinoitu tofu yhdeksi kerrokseksi valmiille uunipellille. Keitä 20-30 minuuttia, käännä puolivälissä, kunnes se on hieman rapea.

Ravintoarvo (per 100 g):225 kaloria 16 g rasvaa 2 g hiilihydraatteja 13 g proteiinia 493 mg natriumia

Ricottalla, basilikalla ja pistaasilla täytetty kesäkurpitsa

Valmistusaika: 15 minuuttia

Kokkausaika: 25 minuuttia

Annokset: 4

Vaikeustaso: keskitaso

Ainesosat:

- 2 keskikokoista kesäkurpitsaa pituussuunnassa puolitettuina
- 1 ruokalusikallinen ekstra-neitsytoliiviöljyä
- 1 sipuli kuutioituna
- 1 tl kosher-suolaa
- 2 valkosipulinkynttä, jauhettu
- ¾ kuppia raejuustoa
- ¼ kuppia suolaamattomia, kuorittuja ja hienonnettuja pistaasipähkinöitä
- ¼ kuppia tuoretta basilikaa hienonnettuna
- 1 iso muna, vatkattuna
- ¼ tl vastajauhettua mustapippuria

Käyttöaiheet:

Valmistele uuni 425 °F:ssa. Aseta pannulle leivinpaperia tai alumiinifoliota. Kerää siemenet / hedelmäliha kesäkurpitsasta jättäen ¼ tuuman hedelmälihan reunojen ympärille. Aseta massa leikkuulaudalle ja leikkaa massa.

Paista oliiviöljyä pannulla keskilämmöllä. Lisää sipuli, hedelmäliha ja suola ja kuullota noin 5 minuuttia. Lisää valkosipuli ja kuullota 30 sekuntia. Sekoita ricotta, pistaasipähkinät, basilika, muna ja mustapippuri. Lisää sipuliseos ja sekoita hyvin.

Aseta 4 kesäkurpitsan puolikasta valmiille uunipellille. Levitä kesäkurpitsojen puolikkaat ricotta-seoksella. Paista kullanruskeaksi.

Ravintoarvo (per 100 g):200 kaloria 12 g rasvaa 3 g hiilihydraatteja 11 g proteiinia 836 mg natriumia

Speltti paahdetuilla tomaateilla ja sienillä

Valmistusaika: 20 minuuttia

Kypsennysaika: 1 tunti

Annokset: 4

Vaikeustaso: vaikea

Ainesosat:

- Tomaateille
- 2 pinttiä kirsikkatomaatteja
- 1 tl ekstra-neitsytoliiviöljyä
- ¼ tl kosher-suolaa
- Farron puolesta
- 3-4 kupillista vettä
- ½ kuppia spelttiä
- ¼ tl kosher-suolaa
- Sienille
- 2 ruokalusikallista ekstra-neitsytoliiviöljyä
- 1 sipuli, julienoitu
- ½ tl kosher-suolaa
- ¼ tl vastajauhettua mustapippuria
- 10 unssia baby bell sieniä, vatkattuna ja ohuiksi viipaleina
- ½ kuppia suolatonta kasvislientä
- 1 (15 oz) tölkki vähänatriumisia cannellini-papuja valutettuna ja huuhdeltuna
- 1 kuppi vauvapinaattia

159

- 2 rkl tuoretta basilikaa suikaleiksi leikattuna
- ¼ kuppia pinjansiemeniä, paahdettuja
- Ikääntynyt balsamiviinietikka (valinnainen)

Käyttöaiheet:

Tomaattien tekemiseen

Kuumenna uuni 400 asteeseen F. Aseta pannulle leivinpaperi tai alumiinifolio. Sekoita tomaatit, oliiviöljy ja suola keskenään uunipellillä ja kypsennä 30 minuuttia.

tehdä spelttiä

Kiehauta vesi, speltti ja suola keskilämmöllä kattilassa tai kattilassa. Anna kiehua ja keitä 30 minuuttia tai kunnes farro on al dente. Valuta ja aseta sivuun.

Sienien tekemiseen

Kypsennä oliiviöljyä isossa pannussa tai pannulla keskilämmöllä. Lisää sipulit, suola ja mustapippuri ja kuullota kullanruskeiksi ja ala karamellisoitua, noin 15 minuuttia. Lisää sienet, nosta lämpö keskilämmölle ja kuullota, kunnes neste on haihtunut ja sienet ovat kullanruskeita, noin 10 minuuttia. Lisää kasvisliemi ja valuta pannu, kaavi ruskeat palat ja vähennä nestettä noin 5 minuuttia. Lisää pavut ja kuumenna niitä noin 3 minuuttia.

Poista ja sekoita joukkoon pinaatti, basilika, pinjansiemeniä, paahdetut tomaatit ja speltti. Ripottele halutessasi balsamiviinietikkaa.

Ravintoarvo (per 100 g):375 kaloria 15 g rasvaa 10 g hiilihydraatteja 14 g proteiinia 769 mg natriumia

Paistettu ohra munakoisolla, mangoldilla ja mozzarellalla

Valmistusaika: 20 minuuttia

Kokkausaika: 60 minuuttia

Annokset: 4

Vaikeustaso: keskitaso

Ainesosat:

- 2 ruokalusikallista ekstra-neitsytoliiviöljyä
- 1 iso munakoiso (1 puntaa), leikattu pieniksi kuutioiksi
- 2 porkkanaa, kuorittu ja leikattu pieniksi kuutioiksi
- 2 sellerinvartta, leikattu pieniksi kuutioiksi
- 1 sipuli, leikattu pieniksi kuutioiksi
- ½ tl kosher-suolaa
- 3 valkosipulinkynttä, jauhettu
- ¼ tl vastajauhettua mustapippuria
- 1 kuppi kokonaista ohraa
- 1 tl suolaamatonta tomaattipyreetä
- 1 1/2 kuppia kasvislientä ilman lisättyä suolaa
- 1 kuppi mangoldia, varreton ja pieneksi pilkottuna
- 2 rkl tuoretta oreganoa hienonnettuna
- 1 sitruunan kuori
- 4 unssia mozzarellaa pieniksi kuutioiksi leikattuna
- ¼ kuppia raastettua parmesaanijuustoa
- 2 tomaattia, leikattu ½ tuuman paksuisiksi viipaleiksi

Käyttöaiheet:

Kuumenna uuni 400 °F:seen. Kypsennä oliiviöljyä uuniin sopivassa suuressa pannussa keskilämmöllä. Lisää munakoisot, porkkanat, selleri, sipuli ja suola ja kuullota noin 10 minuuttia. Lisää valkosipuli ja mustapippuri ja kuullota noin 30 sekuntia. Lisää ohra ja tomaattipyree ja ruskista 1 minuutti. Sekoita joukkoon kasvisliemi ja valuta pannu pois, kaavi ruskeat palat. Lisää mangoldi, oregano ja sitruunankuori ja sekoita, kunnes mangoldi kuivuu.

Ota pois ja laita mozzarella. Tasoita ohraseoksen pinta. Ripottele päälle parmesaania. Levitä tomaatit yhdeksi kerrokseksi parmesaanin päälle. Paista 45 minuuttia.

Ravintoarvo (per 100 g):470 kaloria 17 g rasvaa 7 g hiilihydraatteja 18 g proteiinia 769 mg natriumia

Ohrarisotto tomaateilla

Valmistusaika: 20 minuuttia

Kokkausaika: 45 minuuttia

Annokset: 4

Vaikeustaso: keskitaso

Ainesosat:

- 2 ruokalusikallista ekstra-neitsytoliiviöljyä
- 2 sellerinvartta, kuutioituna
- ½ kuppi salottisipulia kuutioituna
- 4 valkosipulinkynttä, jauhettu
- 3 kuppia suolaamatonta kasvislientä
- 1 (14,5 unssia) purkki kuutioituja tomaatteja ilman lisättyä suolaa
- 1 (14,5 unssia) purkki murskattuja tomaatteja ilman lisättyä suolaa
- 1 kuppi ohraa
- 1 sitruunan kuori
- 1 tl kosher-suolaa
- ½ tl savustettua paprikaa
- ¼ tl paprikahiutaleita
- ¼ tl vastajauhettua mustapippuria
- 4 oksaa timjamia
- 1 kuivattu laakerinlehti
- 2 kupillista babypinaattia

- ½ kupillista murskattua fetajuustoa
- 1 rkl tuoretta oreganoa hienonnettuna
- 1 ruokalusikallinen fenkolin siemeniä, paahdettuja (valinnainen)

Käyttöaiheet:

Paista oliiviöljyä isossa kattilassa keskilämmöllä. Lisää selleri ja salottisipuli ja kuullota noin 4-5 minuuttia. Lisää valkosipuli ja kuullota 30 sekuntia. Lisää kasvisliemi, kuutioidut tomaatit, murskatut tomaatit, ohra, sitruunankuori, suola, paprika, paprikahiutaleet, mustapippuri, timjami ja laakerinlehti ja sekoita hyvin. Anna kiehua, laske sitten alhaiseksi ja anna kiehua. Keita välillä sekoittaen 40 minuuttia.

Poista laakerinlehti ja timjamin oksat. Ripottele joukkoon pinaatti. Yhdistä pienessä kulhossa feta, oregano ja fenkolin siemenet. Tarjoa ohrarisotto kulhoissa, joiden päällä on fetasekoitus.

Ravintoarvo (per 100 g):375 kaloria 12 g rasvaa 13 g hiilihydraatteja 11 g proteiinia 799 mg natriumia

Kikherneitä ja lehtikaalia mausteisella tomaattikastikkeella

Valmistusaika: 10 minuuttia

Kokkausaika: 35 minuuttia

Annokset: 4

Vaikeustaso: helppo

Ainesosat:

- 2 ruokalusikallista ekstra-neitsytoliiviöljyä
- 4 valkosipulinkynttä, viipaloituna
- 1 tl punapippurihiutaleita
- 1 (28 unssia) purkki murskattuja tomaatteja ilman lisättyä suolaa
- 1 tl kosher-suolaa
- ½ tl hunajaa
- 1 nippu savoijikaalia kantattuna ja hienonnettuna
- 2 tölkkiä (15 unssia) vähänatriumisia kikherneitä, valuta ja huuhtele
- ¼ kuppia tuoretta basilikaa hienonnettuna
- ¼ kuppi raastettua pecorino romanoa

Käyttöaiheet:

Paista oliiviöljyä pannulla keskilämmöllä. Sekoita joukkoon valkosipuli ja chilihiutaleet ja kuullota, kunnes valkosipuli on kauniin kullanruskea, noin 2 minuuttia. Lisää tomaatit, suola ja hunaja ja sekoita hyvin. Pienennä lämpöä ja anna hautua 20 minuuttia.

Lisää lehtikaali ja sekoita hyvin. Keitä noin 5 minuuttia. Lisää kikherneet ja keitä noin 5 minuuttia. Ota pois lämmöltä ja sekoita joukkoon basilika. Tarjoile pecorinon päällä.

Ravintoarvo (per 100 g):420 kaloria 13 g rasvaa 12 g hiilihydraatteja 20 g proteiinia 882 mg natriumia

Paahdettua fetaa mustakaalilla ja sitruunajogurtilla

Valmistusaika: 15 minuuttia

Kokkausaika: 20 minuuttia

Annokset: 4

Vaikeustaso: keskitaso

Ainesosat:

- 1 ruokalusikallinen ekstra-neitsytoliiviöljyä
- 1 sipuli, julienoitu
- ¼ tl kosher-suolaa
- 1 tl jauhettua kurkumaa
- ½ tl jauhettua kuminaa
- ½ tl jauhettua korianteria
- ¼ tl vastajauhettua mustapippuria
- 1 nippu savoijikaalia kantattuna ja hienonnettuna
- 7 unssia lohkofetajuustoa, leikattu ¼ tuuman paksuisiksi viipaleiksi
- ½ kupillista kreikkalaista luonnonjogurttia
- 1 ruokalusikallinen sitruunamehua

Käyttöaiheet:

Kuumenna uuni 400 °F:een. Paista oliiviöljyä suuressa uunipannussa tai pannulla keskilämmöllä. Lisää sipuli ja suola; paista kevyesti ruskeaksi, noin 5 minuuttia. Lisää kurkuma, kumina, korianteri ja mustapippuri; ruskea 30 sekuntia. Lisää mustakaali ja kuullota noin 2 minuuttia. Lisää ½ kupillista vettä ja jatka lehtikaalin keittämistä noin 3 minuuttia.

Ota pois lämmöltä ja laita fetaviipaleet lehtikaaliseoksen päälle. Laita uuniin ja kypsennä, kunnes feta pehmenee, 10-12 minuuttia. Yhdistä pienessä kulhossa jogurtti ja sitruunamehu. Tarjoa mustakaali ja fetajuusto sitruunajogurtin kanssa.

Ravintoarvo (per 100 g):210 kaloria 14 g rasvaa 2 g hiilihydraatteja 11 g proteiinia 836 mg natriumia

Paahdettua munakoisoa ja kikherneitä tomaattikastikkeella

Valmistusaika: 15 minuuttia

Kokkausaika: 60 minuuttia

Annokset: 4

Vaikeustaso: vaikea

Ainesosat:

- Oliiviöljyn kypsennysspray
- 1 iso munakoiso (noin 1 kilo), leikattu ¼ tuuman paksuisiksi viipaleiksi
- 1 tl kosher-suolaa jaettuna
- 1 ruokalusikallinen ekstra-neitsytoliiviöljyä
- 3 valkosipulinkynttä, jauhettu
- 1 (28 unssia) purkki murskattuja tomaatteja ilman lisättyä suolaa
- ½ tl hunajaa
- ¼ tl vastajauhettua mustapippuria
- 2 rkl tuoretta basilikaa hienonnettuna
- 1 (15 unssia) tölkki suolattomia tai vähän natriumia sisältäviä kikherneitä, valutettu ja huuhdeltu
- ¾ kupillista murskattua fetajuustoa
- 1 rkl tuoretta oreganoa hienonnettuna

Käyttöaiheet:

Kuumenna uuni 425 °F:seen. Voitele ja vuoraa kaksi uunipeltiä alumiinifoliolla ja ripottele kevyesti oliiviöljyä. Levitä munakoisot yhteen kerrokseen ja ripottele päälle ½ tl suolaa. Keitä 20 minuuttia, käännä puoliväliin kerran, kunnes se on vaaleanruskea.

Kuumenna sillä välin oliiviöljyä isossa kattilassa keskilämmöllä. Sekoita joukkoon valkosipuli ja kuullota 30 sekuntia. Lisää murskatut tomaatit, hunaja, loput ½ tl suolaa ja mustapippuria. Hauduta noin 20 minuuttia, kunnes kastike hieman haihtuu ja paksuuntuu. Ripottele joukkoon basilika.

Kun olet poistanut munakoison uunista, laske uunin lämpötila 375 °F:seen. Sekoita suuressa suorakaiteen muotoisessa tai soikeassa uunivuoassa kikherneet ja 1 kuppi salsaa. Aseta munakoisoviipaleet päälle, tarvittaessa päällekkäin kikherneiden peittämiseksi. Laita jäljellä oleva kastike munakoison päälle. Ripottele pinnalle feta ja oregano.

Kääri vuoka folioon ja paista 15 minuuttia. Poista folio ja paista vielä 15 minuuttia.

Ravintoarvo (per 100 g):320 kaloria 11 g rasvaa 12 g hiilihydraatteja 14 g proteiinia 773 mg natriumia

Caprese Portobello

Valmistusaika: 15 minuuttia

Kokkausaika: 30 minuuttia

Annokset: 2

Vaikeustaso: vaikea

Ainesosat:

- 1 ruokalusikallinen oliiviöljyä
- 1 kuppi kirsikkatomaatteja
- Suolaa ja mustapippuria riittää
- 4 isoa tuoretta basilikanlehteä ohuiksi viipaleina, jaettuna
- 3 keskikokoista valkosipulinkynttä, jauhettu
- 2 isoa portobello-sientä, varsi
- 4 kpl mini mozzarellaa
- 1 rkl raastettua parmesaanijuustoa

Käyttöaiheet:

Laita uuni 180 °C:seen. Voitele vuoka oliiviöljyllä. Kaada 1 ruokalusikallinen oliiviöljyä tarttumattomaan pannuun ja kuumenna keskilämmöllä. Lisää pannulle tomaatit ja mausta suolalla ja mustapippurilla. Tee tomaatteihin reikiä mehua varten kypsennyksen aikana. Peitä ja kypsennä tomaatteja 10 minuuttia tai kunnes ne ovat kypsiä.

Varaa 2 tl basilikaa ja lisää loput basilika ja valkosipuli pannulle. Muussaa tomaatit lastalla ja keitä puoli minuuttia. Sekoita jatkuvasti kypsennyksen aikana. Syrjään. Asettele sienet pannulle kansi alaspäin ja ripottele päälle suolaa ja mustapippuria maun mukaan.

Kaada tomaattiseos ja mozzarellapallot sienien kiduksiin ja ripottele päälle parmesaanijuustoa, jotta se peittyy hyvin. Keitä kunnes sienet ovat kypsiä ja juustot kullanruskeita. Ota täytetyt sienet uunista ja tarjoile basilikan kanssa.

Ravintoarvo (per 100 g):285 kaloria 21,8 g rasvaa 2,1 g hiilihydraatteja 14,3 g proteiinia 823 mg natriumia

Sienillä ja juustolla täytetyt tomaatit

Valmistusaika: 15 minuuttia

Kokkausaika: 20 minuuttia

Annokset: 4

Vaikeustaso: keskitaso

Ainesosat:

- 4 isoa kypsää tomaattia
- 1 ruokalusikallinen oliiviöljyä
- ½ puntaa (454 g) valkoisia tai cremini-sieniä viipaleina
- 1 rkl tuoretta basilikaa hienonnettuna
- ½ kupillista keltasipulia kuutioituna
- 1 rkl tuoretta oreganoa hienonnettuna
- 2 valkosipulinkynttä, jauhettu
- ½ tl suolaa
- ¼ tl vastajauhettua mustapippuria
- 1 kuppi osittain kuorittua mozzarellaa hienonnettuna
- 1 rkl raastettua parmesaanijuustoa

Käyttöaiheet:

Valmistele uuni 190 °C:ssa. Leikkaa jokaisen tomaatin päältä ½ tuuman viipale. Kaada hedelmäliha kulhoon ja jätä ½ tuuman tomaatin kuoret. Asettele tomaatit foliolla vuorattuun vuokaan. Kuumenna oliiviöljy tarttumattomassa pannussa keskilämmöllä.

Lisää pannulle sienet, basilika, sipuli, oregano, valkosipuli, suola ja mustapippuri ja kuullota 5 minuuttia.

Kaada seos tomaattimassakulhoon, lisää sitten mozzarella ja sekoita hyvin. Kaada seos jokaisen tomaatin kuoreen ja lisää sitten kerros parmesaania. Paista esilämmitetyssä uunissa 15 minuuttia tai kunnes juusto kuplii ja tomaatit ovat pehmeitä. Ota täytetyt tomaatit uunista ja tarjoile kuumana.

Ravintoarvo (per 100 g):254 kaloria 14,7 g rasvaa 5,2 g hiilihydraatteja 17,5 g proteiinia 783 mg natriumia

Tabbouleh

Valmistusaika: 15 minuuttia

Kokkausaika: Viisi minuuttia

Annokset: 6

Vaikeustaso: keskitaso

Ainesosat:

- 4 ruokalusikallista oliiviöljyä jaettuna
- 4 kupillista keitettyä kukkakaalia
- 3 valkosipulinkynttä, hienonnettuna
- Suolaa ja mustapippuria riittää
- ½ isoa kurkkua, kuorittu, siemenet ja hienonnettu
- ½ kuppi hienonnettua italialaista persiljaa
- 1 sitruunan mehu
- 2 ruokalusikallista hienonnettua punasipulia
- ½ kuppi hienonnettuja mintunlehtiä
- ½ kuppia kivettömiä Kalamata-oliiveja, hienonnettu
- 1 kuppi kirsikkatomaatteja, neljäsiksi leikattuna
- 2 kupillista rucolaa tai pinaatinlehtiä
- 2 keskikokoista avokadoa kuorittuna, kivet poistettuna ja kuutioituna

Käyttöaiheet:

Kuumenna 2 ruokalusikallista oliiviöljyä tarttumattomassa pannussa keskilämmöllä. Lisää riisikukkakaali, valkosipuli, suola ja mustapippuri pannulle ja kuullota 3 minuuttia tai kunnes tuoksuvat. Siirrä ne isoon kulhoon.

Lisää kulhoon kurkku, persilja, sitruunamehu, punasipuli, minttu, oliivit ja loput oliiviöljystä. Heitä yhdistääksesi hyvin. Laita kulho jääkaappiin vähintään 30 minuutiksi.

Ota kulho jääkaapista. Lisää kulhoon kirsikkatomaatit, rucolaa ja avokado. Mausta hyvin ja sekoita hyvin. Tarjoile kylmänä.

Ravintoarvo (per 100 g):198 kaloria 17,5 g rasvaa 6,2 g hiilihydraatteja 4,2 g proteiinia 773 mg natriumia

Mausteinen parsakaali Rabe ja artisokkasydämet

Valmistusaika: 5 minuuttia

Kokkausaika: 15 minuuttia

Annokset: 4

Vaikeustaso: keskitaso

Ainesosat:

- 3 ruokalusikallista oliiviöljyä jaettuna
- 2 paunaa (907 g) tuoreita naurisvihanneksia
- 3 valkosipulinkynttä, hienonnettuna
- 1 tl punapippurihiutaleita
- 1 tl suolaa ja lisää maun mukaan
- 383 g artisokan sydämiä
- 1 ruokalusikallinen vettä
- 2 ruokalusikallista punaviinietikkaa
- Juuri jauhettua mustapippuria, juuri tarpeeksi

Käyttöaiheet:

Kuumenna 2 ruokalusikallista oliiviöljyä tarttumattomassa pannussa keskikorkealla paistinpannulla. Lisää pannulle parsakaali, valkosipuli, chilihiutaleet ja suola ja kuullota 5 minuuttia tai kunnes parsakaali on pehmeää.

Laita artisokan sydämet pannulle ja kuullota vielä 2 minuuttia tai kunnes ne ovat kypsiä. Lisää vesi kattilaan ja alenna lämpöä. Peitä ja hauduta 5 minuuttia. Sekoita sillä välin etikka ja 1 rkl oliiviöljyä kulhossa.

Mausta keitetty parsakaali ja artisokat öljytyllä etikalla ja ripottele päälle suolaa ja mustapippuria. Sekoita hyvin ennen tarjoilua.

Ravintoarvo (per 100 g):272 kaloria 21,5 g rasvaa 9,8 g hiilihydraatteja 11,2 g proteiinia 736 mg natriumia

Shakshuka

Valmistusaika: 10 minuuttia

Kokkausaika: 25 minuuttia

Annokset: 4

Vaikeustaso: vaikea

Ainesosat:

- 5 ruokalusikallista oliiviöljyä jaettuna
- 1 punainen paprika kuutioituna
- ½ pientä keltasipulia, hienoksi pilkottuna
- 14 unssia (397 g) murskattuja tomaatteja mehun kanssa
- 6 unssia (170 g) pakastettua pinaattia sulatettuna ja ylimääräisestä nesteestä valutettu
- 1 tl savustettua paprikaa
- 2 valkosipulinkynttä, hienonnettuna
- 2 tl paprikahiutaleita
- 1 ruokalusikallinen kapriksia karkeasti pilkottuna
- 1 ruokalusikallinen vettä
- 6 isoa munaa
- ¼ tl vastajauhettua mustapippuria
- ¾ kupillista fetaa tai vuohenjuustoa murskattuna
- 1/4 kuppia tuoretta litteälehtistä persiljaa tai hienonnettua korianteria

Käyttöaiheet:

Laita uuni 150 °C:seen. Kuumenna 2 ruokalusikallista oliiviöljyä uuninkestävässä pannussa keskilämmöllä. Paista paprikaa ja sipulia pannulla, kunnes sipuli on läpikuultavaa ja paprika pehmeää.

Lisää pannulle tomaatit ja mehu, pinaatti, paprika, valkosipuli, paprikahiutaleet, kaprikset, vesi ja 2 ruokalusikallista oliiviöljyä. Sekoita hyvin ja kuumenna kiehuvaksi. Alenna lämpöä, peitä kansi ja hauduta 5 minuuttia.

Riko munat kastikkeen päälle, jätä väliin tilaa, jätä muna ehjäksi ja ripottele päälle vastajauhettua mustapippuria. Keitä, kunnes munat saavuttavat oikean kypsennyksen.

Ripottele juusto kananmunien ja kastikkeen päälle ja paista esilämmitetyssä uunissa 5 minuuttia tai kunnes juusto on kuohkeaa ja kullanruskeaa. Pirskota loput 1 rkl oliiviöljyä ja levitä päälle persiljaa ennen kuumana tarjoilua.

Ravintoarvo (per 100 g):335 kaloria 26,5 g rasvaa 5 g hiilihydraatteja 16,8 g proteiinia 736 mg natriumia

Spanakopita

Valmistusaika: 15 minuuttia

Kokkausaika: 50 minuuttia

Annokset: 6

Vaikeustaso: vaikea

Ainesosat:

- 6 ruokalusikallista oliiviöljyä jaettuna
- 1 pieni keltasipuli kuutioituna
- 4 kupillista jäädytettyä hienonnettua pinaattia
- 4 valkosipulinkynttä, jauhettu
- ½ tl suolaa
- ½ tl vastajauhettua mustapippuria
- 4 isoa munaa, vatkattuna
- 1 kuppi raejuustoa
- ¾ kupillista fetajuustoa murskattuna
- ¼ kuppia pinjansiemeniä

Käyttöaiheet:

Voitele pannu 2 ruokalusikalla oliiviöljyä. Aseta uuni 375 asteeseen F. Kuumenna 2 ruokalusikallista oliiviöljyä tarttumattomassa paistinpannussa keski-korkealla lämmöllä. Sekoita sipuli pannulla ja kuullota 6 minuuttia tai kunnes se on läpinäkyvää ja mureaa.

Lisää pinaatti, valkosipuli, suola ja mustapippuri pannulle ja kuullota vielä 5 minuuttia. Laita ne kulhoon ja laita sivuun. Yhdistä vatkatut munat ja ricotta erillisessä kulhossa ja kaada pinaattiseos kulhoon. Sekoita hyvin.

Kaada seos vuokaan ja kallista pannua niin, että seos peittää pohjan tasaisesti. Keitä kunnes se alkaa jähmettyä. Ota pois uunista ja levitä päälle feta- ja pinjansiemeniä ja ripottele loput 2 ruokalusikallista oliiviöljyä.

Laita vuoka takaisin uuniin ja paista vielä 15 minuuttia tai kunnes pinta on kullanruskea. Ota astia pois uunista. Anna spanakopitan jäähtyä muutama minuutti ja leikkaa se tarjoilua varten.

Ravintoarvo (per 100 g):340 kaloria 27,3 g rasvaa 10,1 g hiilihydraatteja 18,2 g proteiinia 781 mg natriumia

Tagine

Valmistusaika: 20 minuuttia

Kokkausaika: 60 minuuttia

Annokset: 6

Vaikeustaso: keskitaso

Ainesosat:

- ½ kupillista oliiviöljyä
- 6 sellerinvartta, leikattu ¼ tuuman puolikuuiksi
- 2 keskikokoista keltaista sipulia viipaloituna
- 1 tl jauhettua kuminaa
- ½ tl kanelijauhetta
- 1 tl jauhettua inkivääriä
- 6 valkosipulinkynttä, jauhettu
- ½ tl paprikaa
- 1 tl suolaa
- ¼ tl vastajauhettua mustapippuria
- 2 kupillista vähän natriumia sisältävää kasvislientä
- 2 keskikokoista kesäkurpitsaa leikattuna ½ tuuman paksuisiksi puoliympyröiksi
- 2 kuppia kukkakaalia, leikattu kukinnoiksi
- 1 keskikokoinen munakoiso, leikattu 1 tuuman kuutioiksi
- 1 kuppi vihreitä oliiveja puolitettuna ja kivetenä
- 383 g latva-artisokan sydämiä valutettuna ja neljäsiksi pilkottuna

- ½ kuppia hienonnettuja tuoreita korianterinlehtiä koristeeksi
- ½ kupillista kreikkalaista luonnonjogurttia koristeeksi
- ½ kuppi hienonnettua tuoretta lehtipersiljaa koristeeksi

Käyttöaiheet:

Paista oliiviöljyä kattilassa keskilämmöllä. Lisää selleri ja sipuli kattilaan ja kuullota 6 minuuttia. Laita kumina, kaneli, inkivääri, valkosipuli, paprika, suola ja mustapippuri kattilaan ja kuullota vielä 2 minuuttia aromaattisiksi.

Kaada kasvisliemi kattilaan ja kiehauta. Vähennä lämpöä ja lisää kesäkurpitsa, kukkakaali ja munakoiso pankille. Peitä ja hauduta 30 minuuttia tai kunnes kasvikset ovat pehmeitä. Lisää sitten oliivit ja artisokan sydämet altaaseen ja keitä vielä 15 minuuttia. Kaada ne suureen tarjoilukulhoon tai tagiiniin ja tarjoa sitten korianterin, kreikkalaisen jogurtin ja persiljan kanssa.

Ravintoarvo (per 100 g):312 kaloria 21,2 g rasvaa 9,2 g hiilihydraatteja 6,1 g proteiinia 813 mg natriumia

Pistaasi ja parsa sitrushedelmät

Valmistusaika: 10 minuuttia

Kokkausaika: 10 minuuttia

Annokset: 4

Vaikeustaso: vaikea

Ainesosat:

- 2 klementiinin tai 1 appelsiinin kuori ja mehu
- 1 sitruunan kuori ja mehu
- 1 ruokalusikallinen punaviinietikkaa
- 3 ruokalusikallista ekstra-neitsytoliiviöljyä jaettuna
- 1 tl suolaa jaettuna
- ¼ tl vastajauhettua mustapippuria
- ½ kuppia kuorittuja pistaasipähkinöitä
- 454 g tuoretta parsaa hienonnettuna
- 1 ruokalusikallinen vettä

Käyttöaiheet:

Yhdistä klementiinien ja sitruunan kuori ja mehu, etikka, 2 rkl oliiviöljyä, ½ tl suolaa ja mustapippuria. Sekoita hyvin. Syrjään.

Paahda pistaasipähkinöitä tarttumattomalla pannulla keskilämmöllä 2 minuuttia tai kunnes ne ovat kullanruskeita. Siirrä paahdetut pistaasipähkinät puhtaalle työtasolle ja leikkaa sitten karkeaksi. Sekoita pistaasipähkinät sitrushedelmien seokseen. Syrjään.

Kuumenna loput oliiviöljystä tarttumattomassa pannussa keskilämmöllä. Lisää parsat pannulle ja kuullota 2 minuuttia ja mausta lopulla suolalla. Lisää vesi pannulle. Pienennä lämpöä ja laita kansi päälle. Hauduta 4 minuuttia, kunnes parsat ovat kypsiä.

Nosta parsat pannulta suurelle lautaselle. Kaada sitrus- ja pistaasiseos parsojen päälle. Sekoita hyvin ennen tarjoilua.

Ravintoarvo (per 100 g):211 kaloria 17,5 g rasvaa 3,8 g hiilihydraatteja 5,9 g proteiinia 901 mg natriumia

Täytetyt munakoisot tomaateilla ja persiljalla

Valmistusaika: 15 minuuttia

Kokkausaika: 2 tuntia ja 10 minuuttia

Annokset: 6

Vaikeustaso: keskitaso

Ainesosat:

- ¼ kupillista ekstra-neitsytoliiviöljyä
- 3 pientä munakoisoa pituussuunnassa puolitettuina
- 1 tl merisuolaa
- ½ tl vastajauhettua mustapippuria
- 1 iso keltasipuli, hienonnettuna
- 4 valkosipulinkynttä, jauhettu
- 425 g kuutioituja tomaatteja mehun kanssa
- 1/4 kuppia tuoretta litteälehtistä persiljaa, hienonnettuna

Käyttöaiheet:

Aseta hidas liesi 2 ruokalusikallisen oliiviöljyn kanssa. Leikkaa muutama viilto kunkin munakoisopuolikkaan leikkauspuolelle, jätä ¼ tuuman tilaa kunkin raon väliin. Laita munakoison puolikkaat hitaaseen keittimeen nahkapuoli alaspäin. Ripottele päälle suolaa ja mustapippuria.

Kuumenna loput oliiviöljystä tarttumattomassa pannussa keskilämmöllä. Lisää sipuli ja valkosipuli pannulle ja kuullota 3 minuuttia tai kunnes sipuli muuttuu läpikuultavaksi.

Lisää pannulle persilja ja tomaatit mehuineen ja ripottele päälle suolaa ja mustapippuria. Paista vielä 5 minuuttia tai kunnes ne ovat kypsiä. Jaa ja kaada seos kattilaan munakoison puolikkaiden päälle.

Laita hitaan lieden kansi päälle ja keitä HIGH:lla 2 tuntia, kunnes munakoisot ovat pehmeitä. Siirrä munakoisot lautaselle ja anna jäähtyä muutama minuutti ennen tarjoilua.

Ravintoarvo (per 100 g):455 kaloria 13 g rasvaa 14 g hiilihydraatteja 14 g proteiinia 719 mg natriumia

Ratatouille

Valmistusaika: 15 minuuttia

Kypsennysaika: 7 tuntia

Annokset: 6

Vaikeustaso: keskitaso

Ainesosat:

- 3 ruokalusikallista ekstra-neitsytoliiviöljyä
- 1 iso munakoiso, kuorimaton, viipaloitu
- 2 isoa sipulia, viipaloitu
- 4 pientä kesäkurpitsaa viipaleina
- 2 vihreää paprikaa
- 6 isoa tomaattia leikattuna 1/2 tuuman viipaleiksi
- 2 rkl tuoretta lehtipersiljaa hienonnettuna
- 1 tl kuivattua basilikaa
- 2 valkosipulinkynttä, jauhettu
- 2 tl merisuolaa
- ¼ tl vastajauhettua mustapippuria

Suunta:

Täytä hidas liesi 2 ruokalusikalla oliiviöljyä. Asettele kasvisviipaleet, -suikaleet ja -viipaleet vuorotellen hitaaseen keittimeen. Levitä persiljaa kasvisten päälle ja mausta basilikalla, valkosipulilla, suolalla ja mustapippurilla. Pirskottele lopulla oliiviöljyllä. Sulje ja keitä LOW:lla 7 tuntia, kunnes vihannekset ovat kypsiä. Nosta vihannekset lautaselle ja tarjoa lämpiminä.

Ravintoarvo (per 100 g):265 kaloria 1,7 g rasvaa 13,7 g hiilihydraatteja 8,3 g proteiinia 800 mg natriumia

Gemist

Valmistusaika: 15 minuuttia

Kypsennysaika: 4 tuntia

Annokset: 4

Vaikeustaso: keskitaso

Ainesosat:

- 2 ruokalusikallista ekstra-neitsytoliiviöljyä
- 4 isoa paprikaa, minkä värisiä tahansa
- ½ kuppi raaka couscousia
- 1 tl oreganoa
- 1 valkosipulinkynsi, jauhettu
- 1 kuppi murskattua fetajuustoa
- 1 tölkki (15 unssia / 425 g) cannellini-papuja, huuhdeltu ja valutettu
- Suolaa ja pippuria maun mukaan
- 1 sitruunaviipale
- 4 vihreää sipulia, erilliset valkoiset ja vihreät osat ohuiksi viipaleina

Suunta:

Leikkaa pippurin yläosasta ½ tuuman viipale varren alle. Hävitä vain kanta ja leikkaa yläosa viipaloituna varren alle ja laita sivuun kulhoon. Tyhjennä paprika lusikalla. Voitele hidas liesi öljyllä.

Lisää loput ainekset, paitsi vihreän sipulin vihreitä osia ja sitruunaviipaleita, hienonnetun pippurin kulhoon. Sekoita hyvin. Kaada seos tyhjennettyyn pippuriin ja laita täytetyt paprikat hitaan liesituulettimeen ja lorauta sitten lisää oliiviöljyä.

Sulje hitaan lieden kansi ja keitä HIGH:lla 4 tuntia tai kunnes paprikat ovat pehmeitä.

Ota paprikat pois liedeltä ja tarjoile lautaselle. Ripottele päälle vihreän sipulin vihreät osat ja purista päälle sitruunaviipaleet ennen tarjoilua.

Ravintoarvo (per 100 g):246 kaloria 9 g rasvaa 6,5 g hiilihydraatteja 11,1 g proteiinia 698 mg natriumia

Täytetyt kaalirullat

Valmistusaika: 15 minuuttia

Kypsennysaika: 2 tuntia

Annokset: 4

Vaikeustaso: vaikea

Ainesosat:

- 4 ruokalusikallista oliiviöljyä jaettuna
- 1 iso vihreä kaali, sydämenä
- 1 iso keltasipuli hienonnettuna
- 85 g fetajuustoa murskattuna
- ½ kuppia kuivattuja herukoita
- 3 kupillista keitettyä ohraa
- 2 rkl tuoretta lehtipersiljaa hienonnettuna
- 2 rkl pinjansiemeniä, paahdettuja
- ½ tl merisuolaa
- ½ tl mustapippuria
- 425 g murskattuja tomaatteja mehun kanssa
- 1 ruokalusikallinen omenaviinietikkaa
- ½ kupillista omenamehua

Käyttöaiheet:

Voitele hidas liesi 2 ruokalusikalla oliiviöljyä. Hauduta kaalia vesikattilassa 8 minuuttia. Ota se pois vedestä ja aseta se sivuun ja erota sitten kaalista 16 lehteä. Syrjään.

Kaada loput oliiviöljystä tarttumattomaan pannuun ja kuumenna keskilämmöllä. Sekoita sipuli pannulla ja paista, kunnes sipuli ja pippuri ovat kypsiä. Siirrä sipuli kulhoon.

Lisää feta, herukat, ohra, persilja ja pinjansiemeniä keitettyyn sipulikulhoon ja ripottele päälle ¼ tl suolaa ja ¼ tl mustapippuria.

Asettele kaalinlehdet puhtaalle työtasolle. Kaada 1/3 kupillista seosta jokaisen lautasen keskelle, käännä sitten reuna seoksen päälle ja rullaa se. Laita kaalirullat hitaaseen keittimeen saumapuoli alaspäin.

Sekoita loput ainekset erilliseen kulhoon ja kaada seos sitten kaalirullien päälle. Sulje hitaan liesikansi ja keitä HIGH:lla 2 tuntia. Ota kaalirullat pois liedeltä ja tarjoile kuumana.

Ravintoarvo (per 100 g):383 kaloria 14,7 g rasvaa 12,9 g hiilihydraatteja 10,7 g proteiinia 838 mg natriumia

Ruusukaali balsamicokuorruteella

Valmistusaika: 15 minuuttia

Kypsennysaika: 2 tuntia

Annokset: 6

Vaikeustaso: keskitaso

Ainesosat:

- Balsamico Glaze:

- 1 kuppi balsamiviinietikkaa

- ¼ kupillista hunajaa

- 2 ruokalusikallista ekstra-neitsytoliiviöljyä

- 2 paunaa (907 g) ruusukaalia kuorittuna ja puolitettuna

- 2 kupillista vähän natriumia sisältävää kasviskeittoa

- 1 tl merisuolaa

- Juuri jauhettua mustapippuria, juuri tarpeeksi

- ¼ kuppia raastettua parmesaanijuustoa

- ¼ kuppia pinjansiemeniä

Käyttöaiheet:

Valmista balsamicokuorrute: Sekoita balsamiviinietikka ja hunaja kattilassa. Sekoita hyvin. Kuumenna keskilämmöllä kiehuvaksi. Alenna lämpöä ja anna hautua 20 minuuttia tai kunnes kuorrute on puolittunut ja koostumus on paksua. Laita oliiviöljyä hitaan liesipesän sisään.

Laita ruusukaalit, kasviskeitto ja ½ tl suolaa hitaan liesituulettimeen, sekoita. Sulje hitaan liesikansi ja keitä HIGH:lla 2 tuntia, kunnes ruusukaalit ovat pehmeitä.

Laita ruusukaalit lautaselle ja ripottele lopuksi suolaa ja mustapippuria mausteeksi. Ripottele ruusukaalien päälle balsamicokuorrutetta ja tarjoa parmesaanin ja pinjansiementen kanssa.

Ravintoarvo (per 100 g):270 kaloria 10,6 g rasvaa 6,9 g hiilihydraatteja 8,7 g proteiinia 693 mg natriumia

Pinaattisalaatti sitrusvinaigretteellä

Valmistusaika: 10 minuuttia

Kokkausaika: 0 minuuttia

Annokset: 4

Vaikeustaso: helppo

Ainesosat:

- Sitrusvinaigrette:
- ¼ kupillista ekstra-neitsytoliiviöljyä
- 3 rkl balsamiviinietikkaa
- ½ tl tuoretta sitruunankuorta
- ½ tl suolaa
- Salaatti:
- 454 g babypinaattia, pesty ja varsittu
- 1 iso kypsä tomaatti leikattu ¼ tuuman paloiksi
- 1 keskikokoinen punasipuli ohuiksi viipaleina

Käyttöaiheet:

Valmista sitrusvinaigrette: Sekoita oliiviöljy, balsamiviinietikka, sitruunankuori ja suola kulhossa, kunnes se on hyvin sekoittunut.

Valmista salaatti: Laita pinaatti, tomaatti ja sipuli erilliseen salaattikulhoon. Täytä salaatti sitrusvinegretteellä ja sekoita varovasti, kunnes kasvikset ovat hyvin peittyneet.

Ravintoarvo (per 100 g):173 kaloria 14,2 g rasvaa 4,2 g hiilihydraatteja 4,1 g proteiinia 699 mg natriumia

Yksinkertainen selleri- ja appelsiinisalaatti

Valmistusaika: 15 minuuttia

Kokkausaika: 0 minuuttia

Annokset: 6

Vaikeustaso: helppo

Ainesosat:

- Salaatti:
- 3 sellerinvartta, mukaan lukien lehdet, leikattu vinosti ½ tuuman viipaleiksi
- ½ kuppi vihreitä oliiveja
- ¼ kupillista viipaloitua punasipulia
- 2 isoa kuorittua appelsiinia, leikattuna renkaiksi
- Mausteet:
- 1 ruokalusikallinen ekstra-neitsytoliiviöljyä
- 1 ruokalusikallinen sitruuna- tai appelsiinimehua
- 1 ruokalusikallinen oliivin suolavettä
- ¼ tl kosher- tai merisuolaa
- ¼ tl vastajauhettua mustapippuria

Käyttöaiheet:

Valmista salaatti: Laita sellerinvarret, vihreät oliivit, sipuli ja appelsiinit matalaan kulhoon. Sekoita hyvin ja laita sivuun.

Valmista kastike: Sekoita oliiviöljy, sitruunamehu, suolavesi, suola ja pippuri hyvin.

Kaada kastike salaattikulhoon ja sekoita kevyesti kunnes se on täysin peittynyt.

Tarjoile kylmänä tai huoneenlämmössä.

Ravintoarvo (per 100 g):24 kaloria 1,2 g rasvaa 1,2 g hiilihydraatteja 1,1 g proteiinia 813 mg natriumia

Paistetut munakoisorullat

Valmistusaika: 20 minuuttia

Kokkausaika: 10 minuuttia

Annokset: 6

Vaikeustaso: keskitaso

Ainesosat:

- 2 isoa munakoisoa
- 1 tl suolaa
- 1 kuppi ricottaraastetta
- 113 g vuohenjuustoa hienonnettuna
- 1/4 kuppia hienonnettuna tuoretta basilikaa
- ½ tl vastajauhettua mustapippuria
- oliiviöljysuihke

Käyttöaiheet:

Lisää viipaloidut munakoisot siivilään ja mausta suolalla. Laita sivuun 15-20 minuutiksi.

Sekoita ricotta ja vuohenjuusto, basilika ja mustapippuri isossa kulhossa keskenään ja sekoita. Syrjään. Kuivaa munakoisoviipaleet talouspaperilla ja ripottele kevyesti oliiviöljyllä.

Kuumenna iso pannu keskilämmöllä ja suihkuta siihen kevyesti oliiviöljyä. Asettele munakoisoviipaleet pannulle ja paista molemmilta puolilta 3 minuuttia kullanruskeiksi.

Nosta lämmöltä imupaperilla vuoratulle lautaselle ja anna levätä 5 minuuttia. Tee munakoisosämpylät: Aseta munakoisoviipaleet tasaiselle työtasolle ja peitä jokainen viipale lusikallisella valmistettua juustoseosta. Kääri rullalle ja tarjoa heti.

Ravintoarvo (per 100 g):254 kaloria 14,9 g rasvaa 7,1 g hiilihydraatteja 15,3 g proteiinia 612 mg natriumia

Paahdetut vihannekset ja kulho ruskeaa riisiä

Valmistusaika: 15 minuuttia

Kokkausaika: 20 minuuttia

Annokset: 4

Vaikeustaso: keskitaso

Ainesosat:

- 2 kupillista kukkakaalin kukintoja
- 2 kuppia parsakaalin kukkia
- 1 tölkki kikherneitä (15 unssia / 425 g)
- 1 kuppi porkkanaviipaleita (noin 1 tuuman paksuisia)
- 2-3 ruokalusikallista ekstra-neitsytoliiviöljyä jaettuna
- Suolaa ja mustapippuria riittää
- Tarttumaton ruoanlaittosuihke
- 2 kupillista keitettyä ruskeaa riisiä
- 3 ruokalusikallista seesaminsiemeniä
- Mausteet:
- 3-4 ruokalusikallista tahinia
- 2 ruokalusikallista hunajaa
- 1 sitruuna, puristettuna
- 1 valkosipulinkynsi, jauhettu
- Suolaa ja mustapippuria riittää

Käyttöaiheet:

Valmistele uuni 205 ℃ (400 ℉). Suihkuta kaksi leivinlevyä tarttumattomalla kypsennyssuihkeella.

Levitä kukkakaali ja parsakaali ensimmäiselle pannulle ja toiselle kikherne- ja porkkanaviipaleille.

Mausta jokainen levy puolikkaalla oliiviöljyllä ja ripottele päälle suolaa ja pippuria. Sekoita hyvin päällystääksesi.

Paahda kikherneitä ja porkkanaviipaleita esilämmitetyssä uunissa 10 minuuttia, jolloin porkkanat ovat pehmeitä mutta rapcita ja kukkakaali ja parsakaali 20 minuuttia, kunnes ne ovat kypsiä. Sekoita niitä kerran kypsennyksen puolivälissä.

Valmista sillä välin kastike: Sekoita tahini, hunaja, sitruunamehu, valkosipuli, suola ja pippuri pienessä kulhossa.

Jaa keitetty ruskea riisi neljään kulhoon. Päällystä jokainen kulho tasaisesti paahdetuilla vihanneksilla ja mausteilla. Ripottele päälle seesaminsiemeniä koristeeksi ennen tarjoilua.

Ravintoarvo (per 100 g):453 kaloria 17,8 g rasvaa 11,2 g hiilihydraatteja 12,1 g proteiinia 793 mg natriumia

Kukkakaali porkkanoilla

Valmistusaika: 10 minuuttia

Kokkausaika: 10 minuuttia

Annokset: 4

Vaikeustaso: helppo

Ainesosat:

- 3 ruokalusikallista ekstra-neitsytoliiviöljyä
- 1 iso sipuli, hienonnettuna
- 1 ruokalusikallinen jauhettua valkosipulia
- 2 kupillista kuutioitua porkkanaa
- 4 kupillista kukkakaalin kukintoja
- ½ tl jauhettua kuminaa
- 1 tl suolaa

Käyttöaiheet:

Paista oliiviöljyä keskilämmöllä. Sekoita sipuli ja valkosipuli ja kuullota 1 minuutti. Lisää porkkanat ja paista 3 minuuttia. Lisää kukkakaalin kukinnot, kumina ja suola ja sekoita tasaiseksi.

Peitä ja kypsennä 3 minuuttia, kunnes se on vaaleanruskea. Sekoita hyvin ja keitä ilman kantta 3-4 minuuttia, kunnes se pehmenee. Ota pois lämmöltä ja tarjoile kuumana.

Ravintoarvo (per 100 g):158 kaloria 10,8 g rasvaa 5,1 g hiilihydraatteja 3,1 g proteiinia 813 mg natriumia

Valkosipulin kesäkurpitsakuutiot mintun kera

Valmistusaika: 5 minuuttia

Kokkausaika: 10 minuuttia

Annokset: 4

Vaikeustaso: helppo

Ainesosat:

- 3 isoa vihreää kesäkurpitsaa
- 3 ruokalusikallista ekstra-neitsytoliiviöljyä
- 1 iso sipuli, hienonnettuna
- 3 valkosipulinkynttä, jauhettu
- 1 tl suolaa
- 1 tl kuivattua minttua

Käyttöaiheet:

Paista oliiviöljyä isossa pannussa keskilämmöllä.

Sekoita joukkoon sipuli ja valkosipuli ja kuullota 3 minuuttia koko ajan sekoittaen tai kunnes ne pehmenevät.

Sekoita kuutioitu kesäkurpitsa ja suola ja keitä 5 minuuttia tai kunnes kesäkurpitsa on kullanruskeaa ja mureaa.

Lisää minttu pannulle ja sekoita tasaiseksi ja jatka sitten keittämistä 2 minuuttia. Tarjoile kuumana.

Ravintoarvo (per 100 g):146 kaloria 10,6 g rasvaa 3 g

hiilihydraatteja 4,2 g proteiinia 789 mg natriumia

Kesäkurpitsa ja artisokka kulhoon majakka

Valmistusaika: 15 minuuttia

Kokkausaika: 10 minuuttia

Annokset: 6

Vaikeustaso: helppo

Ainesosat:

- 1/3 kupillista ekstra-neitsytoliiviöljyä

- 1/3 kuppia hienonnettua punasipulia

- ½ kuppi hienonnettua punaista paprikaa

- 2 valkosipulinkynttä, jauhettu

- 1 kuppi kesäkurpitsaa, leikattu ½ tuuman paksuisiksi viipaleiksi

- ½ kuppia karkeasti pilkottua artisokat

- ½ kupillista purkitettuja kikherneitä, valutettu ja huuhdeltu

- 3 kupillista keitettyä majakkaa

- Suolaa ja mustapippuria riittää

- ½ kuppia murskattua fetajuustoa tarjoiluun (valinnainen)

- 1/4 kuppia viipaloituja oliiveja, tarjoiluun (valinnainen)

- 2 rkl tuoretta basilikaa, sifonadi, tarjoiluun (valinnainen)

- 3 rkl balsamiviinietikkaa, tarjoiluun (valinnainen)

Käyttöaiheet:

Kuumenna oliiviöljyä isossa pannussa keskilämmöllä, kunnes se kiiltää. Sekoita joukkoon sipulit, paprika ja valkosipuli ja kuullota 5 minuuttia välillä sekoittaen, kunnes ne pehmenevät.

Lisää kesäkurpitsaviipaleet, artisokat ja kikherneet ja kuullota noin 5 minuuttia, kunnes ne ovat hieman kypsiä. Lisää kypsennetty majakka ja sekoita tasaiseksi, kunnes se kuumenee. Ripottele mausteeksi suolaa ja pippuria.

Jaa seos kulhoihin. Ripottele jokaisen kulhon päälle tasaisesti fetajuustoa, oliiviviipaleita ja basilikaa ja ripottele halutessasi balsamiviinietikkaa.

Ravintoarvo (per 100 g):366 kaloria 19,9 g rasvaa 9 g hiilihydraatteja 9,3 g proteiinia 819 mg natriumia

Kesäkurpitsapannukakkuja 5 ainesosalla

Valmistusaika: 15 minuuttia

Kokkausaika: Viisi minuuttia

Annokset: 14

Vaikeustaso: keskitaso

Ainesosat:

- 4 kupillista raastettua kesäkurpitsaa
- Suolaa maun mukaan
- 2 isoa munaa, kevyesti vatkattuna
- 1/3 kuppi viipaloitua salottisipulia
- 2/3 jauhoja 00
- 1/8 tl mustapippuria
- 2 ruokalusikallista oliiviöljyä

Käyttöaiheet:

Laita raastettu kesäkurpitsa siivilään ja mausta kevyesti suolalla. Laita sivuun lepäämään 10 minuutiksi. Ota raastetusta kesäkurpitsasta mahdollisimman paljon nestettä.

Kaada raastettu kesäkurpitsa kulhoon. Lisää vatkatut munat, salottisipuli, jauhot, suola ja pippuri ja sekoita, kunnes kaikki on hyvin sekoittunut.

Kuumenna oliiviöljy isossa pannussa keskilämmöllä kuumaksi.

Kaada 3 ruokalusikallista kasaa kesäkurpitsaseosta kuumalle pannulle kunkin pannukakun muodostamiseksi, kiinnitä ne kevyesti aluslevyihin ja noin 2 tuuman etäisyydelle toisistaan.

Keitä 2-3 minuuttia. Käännä kesäkurpitsapatruunat ja keitä vielä 2 minuuttia tai kunnes ne ovat kullanruskeita ja hyvin kypsiä.

Nosta lämmöltä imukykyisellä paperilla vuoratulle lautaselle.

Toista lopun kesäkurpitsa-seoksen kanssa. Tarjoile kuumana.

Ravintoarvo (per 100 g):113 kaloria 6,1 g rasvaa 9 g hiilihydraatteja 4 g proteiinia 793 mg natriumia

Tomaateilla täytetyt Portobello-sienet

Valmistusaika: 10 minuuttia

Kokkausaika: 15 minuuttia

Annokset: 4

Vaikeustaso: keskitaso

Ainesosat:

- 4 isoa korkkia portobello-sieniä
- 3 ruokalusikallista ekstra-neitsytoliiviöljyä
- Suolaa ja mustapippuria riittää
- 4 kuivattua tomaattia
- 1 kuppi raastettua mozzarellaa, jaettu
- 1/2 - ¾ kupillista vähänatriumista tomaattikastiketta

Käyttöaiheet:

Esilämmitä grilli maksimiteholla. Laita sienikorkit uunipellille ja lorauta päälle oliiviöljyä. Ripottele päälle suolaa ja pippuria. Paista 1o minuuttia ja käännä sienikorkkeja puoliväliin, kunnes pinta on kullanruskea.

Poista grillistä. Kaada 1 tomaatti, 2 ruokalusikallista juustoa ja 2 tai 3 ruokalusikallista kastiketta jokaisen sienihatun päälle. Nosta sienikorkit takaisin grilliin ja jatka kypsentämistä 2-3 minuuttia. Anna jäähtyä 5 minuuttia ennen tarjoilua.

Ravintoarvo (per 100 g): 217 kaloria 15,8 g rasvaa 9 g hiilihydraatteja 11,2 g proteiinia 793 mg natriumia

Kuihtuneet voikukanvihreät makealla sipulilla

Valmistusaika: 15 minuuttia

Kokkausaika: 15 minuuttia

Annokset: 4

Vaikeustaso: helppo

Ainesosat:

- 1 ruokalusikallinen ekstra-neitsytoliiviöljyä
- 2 valkosipulinkynttä, jauhettu
- 1 Vidalia-sipuli ohuiksi viipaleina
- ½ kupillista vähän natriumia sisältävää kasvislientä
- 2 voikukkaterppua karkeasti pilkottuna
- Juuri jauhettua mustapippuria, juuri tarpeeksi

Käyttöaiheet:

Kuumenna oliiviöljy isossa pannussa miedolla lämmöllä. Lisää valkosipuli ja sipuli ja keitä 2–3 minuuttia välillä sekoittaen tai kunnes sipuli muuttuu läpikuultavaksi.

Sekoita joukkoon kasvisliemi ja voikukanvihreät ja keitä 5–7 minuuttia, kunnes ne kuivuvat, sekoittaen usein. Ripottele päälle mustapippuria ja tarjoile kuumalla lautasella.

Ravintoarvo (per 100 g):81 kaloria 3,9 g rasvaa 4 g hiilihydraatteja 3,2 g proteiinia 693 mg natriumia

Selleri ja sinapinvihreät

Valmistusaika: 10 minuuttia

Kokkausaika: 15 minuuttia

Annokset: 4

Vaikeustaso: keskitaso

Ainesosat:

- ½ kupillista vähän natriumia sisältävää kasvislientä
- 1 sellerin varsi, karkeasti pilkottuna
- ½ makeaa sipulia hienonnettuna
- ½ isoa punaista paprikaa ohuiksi viipaleina
- 2 valkosipulinkynttä, jauhettu
- 1 nippu sinappia, karkeasti pilkottuna

Käyttöaiheet:

Kaada kasvisliemi suureen valurautapannuun ja kiehauta keskilämmöllä. Lisää selleri, sipuli, pippuri ja valkosipuli. Keitä ilman kantta noin 3-5 minuuttia.

Lisää sinappi pannulle ja sekoita hyvin. Pienennä lämpöä ja keitä, kunnes neste on haihtunut ja vihannekset kuivuneet. Ota pois lämmöltä ja tarjoile kuumana.

Ravintoarvo (per 100 g):39 kaloria 3,1 g proteiinia 6,8 g hiilihydraatteja 3 g proteiinia 736 mg natriumia

Kasvis- ja tofusekoitus

Valmistusaika: 5 minuuttia

Kokkausaika: 10 minuuttia

Annokset: 2

Vaikeustaso: helppo

Ainesosat:

- 2 ruokalusikallista ekstra-neitsytoliiviöljyä
- ½ punasipulia, hienonnettuna
- 1 kuppi hienonnettua kaalia
- 8 unssia (227 g) sieniä viipaleina
- 8 unssia (227 g) tofua paloiksi leikattuna
- 2 valkosipulinkynttä, jauhettu
- Purista punapippurihiutaleita
- ½ tl merisuolaa
- 1/8 tl vastajauhettua mustapippuria

Käyttöaiheet:

Paista oliiviöljyä tarttumattomalla paistinpannulla keskilämmöllä vaaleaksi. Lisää pannulle sipuli, lehtikaali ja sienet. Keitä ja sekoita epätasaisesti tai kunnes vihannekset alkavat ruskistua.

Lisää tofu ja paista sekoitellen 3-4 minuuttia, kunnes se pehmenee. Lisää valkosipuli, chilihiutaleet, suola ja mustapippuri ja keitä 30 sekuntia. Anna levätä ennen tarjoilua.

Ravintoarvo (per 100 g):233 kaloria 15,9 g rasvaa 2 g hiilihydraatteja 13,1 g proteiinia 733 mg natriumia

Yksinkertaiset zoodlit

Valmistusaika: 10 minuuttia

Kokkausaika: Viisi minuuttia

Annokset: 2

Vaikeustaso: helppo

Ainesosat:

- 2 ruokalusikallista avokadoöljyä
- 2 keskikokoista kesäkurpitsaa spiraalimaisesti
- ¼ tl suolaa
- Juuri jauhettua mustapippuria, juuri tarpeeksi

Käyttöaiheet:

Kuumenna avokadoöljyä isossa pannussa keskilämmöllä, kunnes se kiiltää. Lisää pannulle kesäkurpitsanuudelit, suola ja mustapippuri ja sekoita peitoksi. Keitä ja sekoita jatkuvasti, kunnes se on kypsää. Tarjoile kuumana.

Ravintoarvo (per 100 g):128 kaloria 14 g rasvaa 0,3 g hiilihydraatteja 0,3 g proteiinia 811 mg natriumia

Kaalikääryleitä linsseillä ja tomaateilla

Valmistusaika: 15 minuuttia

Kokkausaika: 0 minuuttia

Annokset: 4

Vaikeustaso: helppo

Ainesosat:

- 2 kuppia keitettyjä linssejä
- 5 Roma-tomaattia kuutioituna
- ½ kupillista murskattua fetajuustoa
- 10 isoa tuoretta basilikanlehteä ohuiksi viipaleina
- ¼ kupillista ekstra-neitsytoliiviöljyä
- 1 rkl balsamiviinietikkaa
- 2 valkosipulinkynttä, jauhettu
- ½ tl raakaa hunajaa
- ½ tl suolaa
- ¼ tl vastajauhettua mustapippuria
- 4 isoa kaalinlehteä, ilman varsia

Käyttöaiheet:

Yhdistä linssit, tomaatit, juusto, basilikan lehdet, oliiviöljy, etikka, valkosipuli, hunaja, suola ja mustapippuri ja sekoita hyvin.

Aseta kaalinlehdet tasaiselle työtasolle. Kaada yhtä suuri määrä linssiseosta lehtien reunoille. Kääri ne rullalle ja leikkaa puoliksi tarjoilua varten.

Ravintoarvo (per 100 g):318 kaloria 17,6 g rasvaa 27,5 g hiilihydraatteja 13,2 g proteiinia 800 mg natriumia